I0090748

TRANZLATY

La Langue est pour tout le Monde

اللغة للجميع

Le Manifeste Communiste

البيان الشيوعي

Karl Marx
&
Friedrich Engels

Français / العربية

Copyright © 2025 Tranzlaty
All rights reserved.
Published by Tranzlaty
ISBN: 978-1-80572-356-1
Original text by Karl Marx and Friedrich Engels
The Communist Manifesto
First published in 1848
www.tranzlaty.com

Introduction
مقدمة

Un spectre hante l'Europe : le spectre du communisme

شبح يطارد أوروبا ـ شبح الشيوعية

Toutes les puissances de la vieille Europe ont conclu une sainte alliance pour exorciser ce spectre

دخلت جميع قوى أوروبا القديمة في تحالف مقدس لطرد هذا الشبح.

Le pape et le tsar, Metternich et Guizot, les radicaux français et les espions de la police allemande

البابا والقيصر ، مترنيخ وجيزو ، الراديكاليون الفرنسيون وجواسيس الشرطة الألمانية

Où est le parti dans l'opposition qui n'a pas été décrié comme communiste par ses adversaires au pouvoir ?

أين هو الحزب المعارض الذي لم يتم شجبه على أنه شيوعيٌ من قبل خصومه في السلطة؟

Où est l'opposition qui n'a pas rejeté le reproche de marque du communisme contre les partis d'opposition les plus avancés ?

أين هي المعارضة التي لم تتخلص من اللوم الشيوعي ضد أحزاب المعارضة الأكثر تقدماً؟

Et où est le parti qui n'a pas porté l'accusation contre ses adversaires réactionnaires ?

وأين هو الحزب الذي لم يوجه الاتهام إلى خصومه الرجعيين؟

Deux choses résultent de ce fait

هناك أمران ينتج عن هذه الحقيقة

I. Le communisme est déjà reconnu par toutes les puissances européennes comme étant lui-même une puissance

I. الشيوعية معترف بها بالفعل من قبل جميع القوى الأوروبية لتكون هي نفسها قوة

II. Il est grand temps que les communistes publient ouvertement, à la face du monde entier, leurs vues, leurs buts et leurs tendances

لقد حان الوقت لأن ينشر الشيوعيون علانية ، في مواجهة العالم بأسره ، وجهات نظرهم وأهدافهم وميولهم.

ils doivent répondre à ce conte enfantin du spectre du communisme par un manifeste du parti lui-même

يجب أن يقابلوا هذه الحكاية الحاضنة لشبح الشيوعية ببيان للحزب نفسه

À cette fin, des communistes de diverses nationalités se sont réunis à Londres et ont esquissé le manifeste suivant

تحقيقا لهذه الغاية ، اجتمع الشيوعيون من مختلف الجنسيات في لندن ورسموا البيان التالي

ce manifeste sera publié en anglais, français, allemand, italien, flamand et danois

ينشر هذا البيان باللغات الإنجليزية والفرنسية والألمانية والإيطالية والفلمنكية والدنماركية

Et maintenant, il doit être publié dans toutes les langues proposées par Tranzlaty

Tranzlaty والآن سيتم نشره بجميع اللغات التي تقدمها

Les bourgeois et les prolétaires
البرجوازية والبروليتاريون

L'histoire de toutes les sociétés qui ont existé jusqu'à
présent est l'histoire des luttes de classes

تاريخ جميع المجتمعات القائمة حتى الآن هو تاريخ الصراعات الطبقية

Homme libre et esclave, patricien et plébéien, seigneur et
serf, maître de guilde et compagnon

حر وعبد ، أرستقراطي وعام ، سيد وقنان ، سيد نقابة ورجل رحلة

en un mot, oppresseur et opprimé

في كلمة واحدة ، ظالم ومظلوم

Ces classes sociales étaient en opposition constante les unes
avec les autres

وقفت هذه الطبقات الاجتماعية في معارضة دائمة لبعضها البعض

Ils se sont battus sans interruption. Maintenant caché,
maintenant ouvert

واصلوا قتالا متواصلا .مخفي الآن ، مفتوح الآن

un combat qui s'est terminé par une reconstitution
révolutionnaire de la société dans son ensemble

معركة انتهت إما بإعادة تشكيل ثوري للمجتمع ككل

ou un combat qui s'est terminé par la ruine commune des
classes en lutte

أو معركة انتهت بالخراب المشترك للطبقات المتنافسة

Jetons un coup d'œil aux époques antérieures de l'histoire

دعونا ننظر إلى الوراء إلى العصور السابقة من التاريخ

Nous trouvons presque partout un arrangement compliqué
de la société en divers ordres

نجد في كل مكان تقريبا ترتيبا معقدا للمجتمع في أوامر مختلفة

Il y a toujours eu une gradation multiple du rang social

كان هناك دائما تدرج متعدد للرتبة الاجتماعية

Dans la Rome antique, nous avons des patriciens, des
chevaliers, des plébéiens, des esclaves

في روما القديمة لدينا الأرستقراطيين والفرسان والعامة والعبيد

au Moyen Âge : seigneurs féodaux, vassaux, maîtres de
corporation, compagnons, apprentis, serfs

، في العصور الوسطى :اللوردات الإقطاعيون ، التابعون ، سادة النقابات الرحالة ، المتدربون ، الأقنان

Dans presque toutes ces classes, encore une fois, les gradations subordonnées

في جميع هذه الفئات تقريبا ، مرة أخرى ، التدرجات الثانوية

La société bourgeoise moderne est née des ruines de la société féodale

لقد نبت المجتمع البرجوازي الحديث من أنقاض المجتمع الإقطاعي

Mais ce nouvel ordre social n'a pas fait disparaître les antagonismes de classe

لكن هذا النظام الاجتماعي الجديد لم يتخلص من العداوات الطبقية.

Elle n'a fait qu'établir de nouvelles classes et de nouvelles conditions d'oppression

لكنها أنشأت طبقات جديدة وظروفا جديدة من الاضطهاد.

Il a mis en place de nouvelles formes de lutte à la place des anciennes

لقد أنشأت أشكالا جديدة من النضال بدلا من الأشكال القديمة

Cependant, l'époque dans laquelle nous nous trouvons possède un trait distinctif

ومع ذلك ، فإن الحقبة التي نجد أنفسنا فيها تمتلك سمة مميزة واحدة

l'époque de la bourgeoisie a simplifié les antagonismes de classe

لقد بسط عصر البرجوازية التناقضات الطبقية

La société dans son ensemble se divise de plus en plus en deux grands camps hostiles

المجتمع ككل ينقسم أكثر فأكثر إلى معسكرين معاديين كبيرين

deux grandes classes sociales qui se font directement face : la bourgeoisie et le prolétariat

طبقتان اجتماعيتان كبيرتان تواجهان بعضهما البعض مباشرة :البرجوازية والبروليتاريا

Des serfs du Moyen Âge sont sortis les bourgeois agréés des premières villes

من أقنان العصور الوسطى نشأ البرغر المستأجرون في المدن الأولى

C'est à partir de ces bourgeois que se sont développés les premiers éléments de la bourgeoisie

من هذه البرجيس تم تطوير العناصر الأولى للبرجوازية

La découverte de l'Amérique et le contournement du Cap

اكتشاف أمريكا وتقريب كيب

ces événements ont ouvert un nouveau terrain à la bourgeoisie montante

فتحت هذه الأحداث آفاقا جديدة للبرجوازية الصاعدة

Les marchés des Indes orientales et de la Chine, la colonisation de l'Amérique, le commerce avec les colonies

الأسواق الهندية الشرقية والصينية ، استعمار أمريكا ، التجارة مع المستعمرات

l'augmentation des moyens d'échange et des marchandises en général

الزيادة في وسائل التبادل وفي السلع بشكل عام

Ces événements donnèrent au commerce, à la navigation et à l'industrie une impulsion jamais connue jusque-là

أعطت هذه الأحداث للتجارة والملاحة والصناعة دفعة لم تكن معروفة من قبل

Elle a donné un développement rapide à l'élément révolutionnaire dans la société féodale chancelante

أعطت تطورا سريعا للعنصر الثوري في المجتمع الإقطاعي المترنح

Les guildes fermées avaient monopolisé le système féodal de la production industrielle

احتكرت النقابات المغلقة النظام الإقطاعي للإنتاج الصناعي

Mais cela ne suffisait plus aux besoins croissants des nouveaux marchés

لكن هذا لم يعد كافيا للاحتياجات المتزايدة للأسواق الجديدة

Le système manufacturier a pris la place du système féodal de l'industrie

حل نظام التصنيع محل النظام الإقطاعي للصناعة

Les maîtres de guilde étaient poussés d'un côté par la classe moyenne manufacturière

تم دفع سادة النقابة على جانب واحد من قبل الطبقة الوسطى الصناعية

La division du travail entre les différentes corporations a disparu

اختفى تقسيم العمل بين نقابات الشركات المختلفة

La division du travail s'infiltrait dans chaque atelier

اخترق تقسيم العمل كل ورشة عمل واحدة

Pendant ce temps, les marchés ne cessaient de croître et la demande ne cessait d'augmenter

في غضون ذلك ، استمرت الأسواق في النمو ، والطلب في ارتفاع مستمر

Même les usines ne suffisaient plus à répondre à la demande

حتى المصانع لم تعد كافية لتلبية الطلبات

À partir de là, la vapeur et les machines ont révolutionné la production industrielle

بعد ذلك ، أحدث البخار والآلات ثورة في الإنتاج الصناعي

La place de fabrication a été prise par le géant de l'industrie moderne

تم أخذ مكان التصنيع من قبل الصناعة الحديثة العملاقة

La place de la classe moyenne industrielle a été prise par des millionnaires industriels

تم أخذ مكان الطبقة الوسطى الصناعية من قبل أصحاب الملايين الصناعيين

la place de chefs d'armées industrielles entières ont été prises par la bourgeoisie moderne

تم أخذ مكان قادة الجيوش الصناعية بأكملها من قبل البرجوازية الحديثة

la découverte de l'Amérique a ouvert la voie à l'industrie moderne pour établir le marché mondial

اكتشاف أمريكا مهد الطريق للصناعة الحديثة لتأسيس السوق العالمية

Ce marché donna un immense développement au commerce, à la navigation et aux communications par terre

أعطى هذا السوق تطورا هائلا للتجارة والملاحة والاتصالات عن طريق البر

Cette évolution a, en son temps, réagi à l'extension de l'industrie

وقد تفاعل هذا التطور ، في وقته ، مع امتداد الصناعة

elle a réagi proportionnellement à l'expansion de l'industrie et à l'extension du commerce, de la navigation et des chemins de fer

كان رد فعلها متناسبا مع كيفية توسع الصناعة ، وكيف امتدت التجارة والملاحة والسكك الحديدية

dans la même proportion que la bourgeoisie s'est développée, elle a augmenté son capital

بنفس النسبة التي طورتها البرجوازية ، زادوا رؤوس أموالهم

et la bourgeoisie a relégué à l'arrière-plan toutes les classes héritées du Moyen Âge

ودفعت البرجوازية إلى الخلفية كل طبقة متوارثة من العصور الوسطى

c'est pourquoi la bourgeoisie moderne est elle-même le produit d'un long développement

لذلك فإن البرجوازية الحديثة هي نفسها نتاج مسار طويل من التطور

On voit qu'il s'agit d'une série de révolutions dans les modes de production et d'échange

نرى أنها سلسلة من الثورات في أنماط الإنتاج والتبادل

Chaque étape du développement de la bourgeoisie s'accompagnait d'une avancée politique correspondante

رافق كل خطوة برجوازية تنموية تقدم سياسي مقابل

Une classe opprimée sous l'emprise de la noblesse féodale

طبقة مضطهدة تحت سيطرة النبلاء الإقطاعيين

Une association armée et autonome dans la commune médiévale

جمعية مسلحة وذاتية الحكم في بلدية العصور الوسطى

ici, une république urbaine indépendante (comme en Italie et en Allemagne)

هنا ، جمهورية حضرية مستقلة)كما هو الحال في إيطاليا وألمانيا(

là, un « tiers état » imposable de la monarchie (comme en France)

هناك ، "عقار ثالث "خاضع للضريبة من النظام الملكي)كما هو الحال في فرنسا(

par la suite, dans la période de fabrication proprement dite

بعد ذلك ، في فترة الصنع المناسبة

la bourgeoisie servait soit la monarchie semi-féodale, soit la monarchie absolue

خدمت البرجوازية إما الملكية شبه الإقطاعية أو الملكية المطلقة

ou bien la bourgeoisie faisait contrepoids à la noblesse

أو عملت البرجوازية كموازنة مضادة ضد النبلاء

et, en fait, la bourgeoisie était une pierre angulaire des grandes monarchies en général

وفي الواقع ، كانت البرجوازية حجر الزاوية في الملكيات الكبرى بشكل عام

mais l'industrie moderne et le marché mondial se sont établis depuis lors

لكن الصناعة الحديثة والسوق العالمية رسخت نفسها منذ ذلك الحين

et la bourgeoisie s'est emparée de l'emprise politique exclusive

وقد غزت البرجوازية لنفسها نفوذا سياسيا حصريا

elle a obtenu cette influence politique à travers l'État représentatif moderne

حققت هذا النفوذ السياسي من خلال الدولة التمثيلية الحديثة

Les exécutifs de l'État moderne ne sont qu'un comité de gestion

إن المديرين التنفيذيين للدولة الحديثة ليسوا سوى لجنة إدارية

et ils gèrent les affaires communes de toute la bourgeoisie

.ويديرون الشؤون المشتركة للبرجوازية بأسرها

La bourgeoisie, historiquement, a joué un rôle des plus révolutionnaires

لعبت البرجوازية ، تاريخيا ، دورا ثوريا

Partout où elle a pris le dessus, elle a mis fin à toutes les relations féodales, patriarcales et idylliques

أينما كانت له اليد العليا ، فقد وضع حدا لجميع العلاقات الإقطاعية
.والأبوية والشاعرية

Elle a impitoyablement déchiré les liens féodaux hétéroclites qui liaient l'homme à ses « supérieurs naturels »

لقد مزقت بلا شفقة الروابط الإقطاعية المتنافرة التي ربطت الإنسان ب
"رؤسائه الطبيعيين"

et il n'y a plus de lien entre l'homme et l'homme, si ce n'est l'intérêt personnel

ولم تترك أي صلة بين الإنسان والإنسان ، بخلاف المصلحة الذاتية
المجردة

Les relations de l'homme entre eux ne sont plus qu'un « paiement en espèces » impitoyable

"أصبحت علاقات الإنسان مع بعضها البعض ليست أكثر من "دفع نقدي
قاس

Elle a noyé les extases les plus célestes de la ferveur religieuse

لقد أغرقت أكثر النشوة السماوية من الحماسة الدينية

elle a noyé l'enthousiasme chevaleresque et le sentimentalisme philistin

لقد أغرقت الحماس الشهم والعاطفة الفلسطينية

Il a noyé ces choses dans l'eau glacée du calcul égoïste

لقد أغرقت هذه الأشياء في المياه الجليدية للحساب الأناني

Il a transformé la valeur personnelle en valeur échangeable

لقد حلت القيمة الشخصية إلى قيمة قابلة للاستبدال

elle a remplacé les innombrables et inaliénables libertés garanties par la Charte

لقد حلت محل الحريات المستأجرة التي لا تعد ولا تحصى ولا يمكن التخلص منها

et il a mis en place une liberté unique et inadmissible ; Libre-échange

وأقامت حرية واحدة غير معقولة .التجارة الحرة

En un mot, il l'a fait pour l'exploitation

في كلمة واحدة ، لقد فعلت ذلك للاستغلال

Une exploitation voilée par des illusions religieuses et politiques

استغلال محجوب بالأوهام الدينية والسياسية

l'exploitation voilée par une exploitation nue, éhontée, directe, brutale

استغلال محجوب باستغلال عار ووقح ومباشر ووحشي

la bourgeoisie a enlevé l'auréole de toutes les occupations jusque-là honorées et vénérées

لقد جردت البرجوازية الهالة من كل احتلال تم تكريمه وتبجيله سابقا

le médecin, l'avocat, le prêtre, le poète et l'homme de science

الطبيب والمحامي والكاهن والشاعر ورجل العلم

Il a converti ces travailleurs distingués en ses travailleurs salariés

لقد حولت هؤلاء العمال المتميزين إلى عمالها بأجر

La bourgeoisie a déchiré le voile sentimental de la famille

لقد مزقت البرجوازية الحجاب العاطفي بعيدا عن الأسرة

et elle a réduit la relation familiale à une simple relation d'argent

وقد اختزلت العلاقة الأسرية إلى مجرد علاقة مالية

la brutale démonstration de vigueur au Moyen Âge que les réactionnaires admirent tant

العرض الوحشي للقوة في العصور الوسطى التي يعجب بها الرجعيون كثيرا

Même cela a trouvé son complément approprié dans l'indolence la plus paresseuse

حتى هذا وجد مكمله المناسب في الكسل الأكثر كسلا

La bourgeoisie a révélé comment tout cela s'est passé

لقد كشفت البرجوازية كيف حدث كل هذا

La bourgeoisie a été la première à montrer ce que l'activité de l'homme peut produire

كانت البرجوازية أول من أظهر ما يمكن أن يحققه نشاط الإنسان

Il a accompli des merveilles surpassant de loin les pyramides égyptiennes, les aqueducs romains et les cathédrales gothiques

لقد أنجزت عجائب تفوق بكثير الأهرامات المصرية والقنوات الرومانية والكاتدرائيات القوطية

et il a mené des expéditions qui ont mis dans l'ombre tous les anciens Exodes des nations et les croisades

وقد أجرت حملات وضعت في الظل جميع هجرات الأمم والحروب الصليبية السابقة

La bourgeoisie ne peut exister sans révolutionner sans cesse les instruments de production

لا يمكن للبرجوازية أن توجد دون إحداث ثورة مستمرة في أدوات الإنتاج

et par conséquent elle ne peut exister sans ses rapports à la production

وبالتالي لا يمكن أن توجد بدون علاقاتها بالإنتاج

et donc elle ne peut exister sans ses relations avec la société

وبالتالي لا يمكن أن توجد بدون علاقاتها بالمجتمع

Toutes les classes industrielles antérieures avaient une condition en commun

كان لدى جميع الفئات الصناعية السابقة شرط واحد مشترك

Ils s'appuyaient sur la conservation des anciens modes de production

اعتمدوا على الحفاظ على أنماط الإنتاج القديمة

mais la bourgeoisie a apporté avec elle une dynamique tout
à fait nouvelle

.لكن البرجوازية جلبت معها ديناميكية جديدة تماما

Révolution constante de la production et perturbation
ininterrompue de toutes les conditions sociales

ثورة مستمرة في الإنتاج واضطراب مستمر لجميع الظروف الاجتماعية

cette incertitude et cette agitation perpétuelles distinguent
l'époque bourgeoise de toutes les époques antérieures

هذا الغموض والهياج الأبدي يميز عصر البرجوازية عن جميع الحقبة
السابقة.

Les relations antérieures avec la production
s'accompagnaient de préjugés et d'opinions anciens et
vénérables

جاءت العلاقات السابقة مع الإنتاج مع التحيزات والآراء القديمة والموقرة

Mais toutes ces relations figées et figées sont balayées d'un
revers de main

لكن كل هذه العلاقات الثابتة والمجمدة بسرعة قد جرفت

Toutes les relations nouvellement formées deviennent
archaïques avant de pouvoir s'ossifier

تصبح جميع العلاقات الجديدة قديمة قبل أن تتحجر

Tout ce qui est solide se fond dans l'air, et tout ce qui est
saint est profané

كل ما هو صلب يذوب في الهواء ، وكل ما هو مقدس يدنس

L'homme est enfin forcé de faire face, avec des sens sobres, à
ses conditions réelles de vie

يضطر الإنسان أخيرا إلى مواجهة حواسه الرصينة ، ظروف حياته
الحقيقية

et il est obligé de faire face à ses relations avec les siens

وهو مضطر لمواجهة علاقاته مع نوعه

La bourgeoisie a constamment besoin d'élargir ses marchés
pour ses produits

تحتاج البرجوازية باستمرار إلى توسيع أسواقها لمنتجاتها

et, à cause de cela, la bourgeoisie est poursuivie sur toute la
surface du globe

وبسبب هذا ، يتم مطاردة البرجوازية على كامل سطح الكرة الأرضية

La bourgeoisie doit se nicher partout, s'installer partout, établir des liens partout

، يجب على البرجوازية أن تعشش في كل مكان ، وتستقر في كل مكان وتقيم روابط في كل مكان

La bourgeoisie doit créer des marchés dans tous les coins du monde pour exploiter

يجب على البرجوازية إنشاء أسواق في كل ركن من أركان العالم لاستغلالها

La production et la consommation dans tous les pays ont reçu un caractère cosmopolite

لقد تم إعطاء الإنتاج والاستهلاك في كل بلد طابعا عالميا

le chagrin des réactionnaires est palpable, mais il s'est poursuivi malgré tout

استياء الرجعيين واضح ، لكنه استمر بغض النظر عن

La bourgeoisie a tiré de dessous les pieds de l'industrie le terrain national sur lequel elle se trouvait

لقد استمدت البرجوازية من تحت أقدام الصناعة الأرضية الوطنية التي وقفت عليها

Toutes les anciennes industries nationales ont été détruites, ou sont détruites chaque jour

تم تدمير جميع الصناعات الوطنية القديمة ، أو يتم تدميرها يوميا

Toutes les anciennes industries nationales sont délogées par de nouvelles industries

يتم إزاحة جميع الصناعات الوطنية القديمة من قبل الصناعات الجديدة

Leur introduction devient une question de vie ou de mort pour toutes les nations civilisées

يصبح إدخالها مسألة حياة أو موت لجميع الأمم المتحضرة

Ils sont délogés par les industries qui ne travaillent plus la matière première indigène

يتم إزاحتهم من قبل الصناعات التي لم تعد تعمل في المواد الخام الأصلية

Au lieu de cela, ces industries extraient des matières premières des zones les plus reculées

بدلا من ذلك ، تقوم هذه الصناعات بسحب المواد الخام من المناطق النائية

dont les produits sont consommés, non seulement chez nous, mais dans tous les coins du monde

الصناعات التي يتم استهلاك منتجاتها ، ليس فقط في المنزل ، ولكن في
كل ربع من العالم

À la place des anciens besoins, satisfaits par les productions
du pays, nous trouvons de nouveaux besoins

بدلا من الرغبات القديمة ، التي ترضيها إنتاجات البلد ، نجد رغبات جديدة

Ces nouveaux besoins exigent pour leur satisfaction les
produits des pays et des climats lointains

هذه الرغبات الجديدة تتطلب لإشباعها منتجات الأراضي والمناخات البعيدة

À la place de l'ancien isolement et de l'autosuffisance locaux
et nationaux, nous avons le commerce

بدلا من العزلة المحلية والوطنية القديمة والاكتفاء الذاتي ، لدينا تجارة

les échanges internationaux dans toutes les directions ;
l'interdépendance universelle des nations

التبادل الدولي في كل اتجاه ؛ الترابط العالمي بين الأمم

Et de même que nous sommes dépendants des matériaux,
nous sommes dépendants de la production intellectuelle

.وكما أننا نعتمد على المواد، كذلك نحن نعتمد على الإنتاج الفكري

Les créations intellectuelles des nations individuelles
deviennent la propriété commune

تصبح الإبداعات الفكرية للدول الفردية ملكية مشتركة

L'unilatéralité nationale et l'étroitesse d'esprit deviennent
de plus en plus impossibles

الانحياز الوطني وضيق الأفق يصبحان مستحيلين أكثر فأكثر

et des nombreuses littératures nationales et locales, surgit
une littérature mondiale

ومن العديد من الآداب الوطنية والمحلية ، ينشأ أدب عالمي

par l'amélioration rapide de tous les instruments de
production

من خلال التحسين السريع لجميع أدوات الإنتاج

par les moyens de communication immensément facilités

من خلال وسائل الاتصال الميسرة بشكل كبير

La bourgeoisie entraîne tout le monde (même les nations les
plus barbares) dans la civilisation

البرجوازية تجذب الجميع)حتى أكثر الأمم بربرية)إلى الحضارة

Les prix bon marché de ses marchandises ; l'artillerie lourde
qui abat toutes les murailles chinoises

الأسعار الرخيصة لسلعها. المدفعية الثقيلة التي تضرب جميع الجدران الصينية

La haine obstinée des barbares contre les étrangers est forcée de capituler

كراهية البرابرة العنيدة بشدة للأجانب مجبرة على الاستسلام

Elle oblige toutes les nations, sous peine d'extinction, à adopter le mode de production bourgeois

إنه يجبر جميع الأمم ، تحت طائلة الانقراض ، على تبني نمط الإنتاج البرجوازي

elle les oblige à introduire ce qu'elle appelle la civilisation en leur sein

إنه يجبرهم على إدخال ما يسميه الحضارة في وسطهم

La bourgeoisie force les barbares à devenir eux-mêmes bourgeois

البرجوازية تجبر البرابرة على أن يصبحوا برجوازيين بأنفسهم

en un mot, la bourgeoisie crée un monde à son image

باختصار ، تخلق البرجوازية عالما على صورتها الخاصة

La bourgeoisie a soumis les campagnes à la domination des villes

أخضعت البرجوازية الريف لحكم المدن

Il a créé d'énormes villes et considérablement augmenté la population urbaine

لقد خلقت مدنا هائلة وزادت بشكل كبير من عدد سكان الحضر

Il a sauvé une partie considérable de la population de l'idiotie de la vie rurale

أنقذت جزءا كبيرا من السكان من حماقة الحياة الريفية

mais elle a rendu les ruraux dépendants des villes

لكنها جعلت أولئك الذين يعيشون في الريف يعتمدون على المدن.

et de même, elle a rendu les pays barbares dépendants des pays civilisés

وبالمثل ، فقد جعلت الدول البربرية تعتمد على الدول المتحضرة

nations paysannes sur nations bourgeoises, l'Orient sur Occident

أمم الفلاحين على أمم البرجوازية والشرق على الغرب

La bourgeoisie se débarrasse de plus en plus de l'éparpillement de la population

البرجوازية تتخلص أكثر فأكثر من حالة السكان المتناثرة

Il a une production agglomérée et a concentré la propriété
entre quelques mains

لديها إنتاج متكتل ، وركزت الممتلكات في أيدي قليلة

La conséquence nécessaire de cela a été la centralisation
politique

.وكانت النتيجة الضرورية لذلك هي المركزية السياسية

Il y avait eu des nations indépendantes et des provinces
vaguement reliées entre elles

كانت هناك دول مستقلة ومقاطعات مترابطة بشكل فضفاض

Ils avaient des intérêts, des lois, des gouvernements et des
systèmes d'imposition distincts

كان لديهم مصالح وقوانين وحكومات وأنظمة ضريبية منفصلة

Mais ils ont été regroupés en une seule nation, avec un seul
gouvernement

لكنهم أصبحوا مجتمعين معا في أمة واحدة ، مع حكومة واحدة

Ils ont maintenant un intérêt de classe national, une
frontière et un tarif douanier

لديهم الآن مصلحة طبقية وطنية واحدة ، وحدود واحدة ، وتعريفة
جمركية واحدة

Et cet intérêt de classe national est unifié sous un seul code
de loi

وهذه المصلحة الطبقية الوطنية موحدة تحت مدونة قانون واحدة

la bourgeoisie a accompli beaucoup de choses au cours de
son règne d'à peine cent ans

لقد حققت البرجوازية الكثير خلال حكمها النادر الذي دام مائة عام

forces productives plus massives et plus colossales que
toutes les générations précédentes réunies

قوى إنتاجية أكثر ضخامة وهائلة من جميع الأجيال السابقة معا

Les forces de la nature sont soumises à la volonté de
l'homme et de ses machines

تخضع قوى الطبيعة لإرادة الإنسان وآلياته

La chimie s'applique à toutes les formes d'industrie et à tous
les types d'agriculture

يتم تطبيق الكيمياء على جميع أشكال الصناعة وأنواع الزراعة

la navigation à vapeur, les chemins de fer, les télégraphes électriques et l'imprimerie

الملاحة البخارية والسكك الحديدية والتلغراف الكهربائي والمطبعة

défrichement de continents entiers pour la culture, canalisation des rivières

تطهير قارات بأكملها للزراعة ، وقنوات الأنهار

Des populations entières ont été extirpées du sol et mises au travail

لقد تم استحضار شعوب بأكملها من الأرض ووضعها في العمل

Quel siècle précédent avait ne serait-ce qu'un pressentiment de ce qui pourrait être déchaîné ?

ما هو القرن السابق الذي كان لديه حتى شعور مسبق بما يمكن إطلاقه؟

Qui aurait prédit que de telles forces productives sommeillaient dans le giron du travail social ?

من توقع أن مثل هذه القوى المنتجة سبات في حضن العمل الاجتماعي؟

Nous voyons donc que les moyens de production et d'échange ont été générés dans la société féodale

نرى بعد ذلك أن وسائل الإنتاج والتبادل قد ولدت في المجتمع الإقطاعي

les moyens de production sur la base desquels la bourgeoisie s'est construite

وسائل الإنتاج التي بنت البرجوازية نفسها على أساسها

À un certain stade du développement de ces moyens de production et d'échange

في مرحلة معينة من تطور وسائل الإنتاج والتبادل هذه

les conditions dans lesquelles la société féodale produisait et échangeait

الظروف التي أنتج فيها المجتمع الإقطاعي وتبادله

L'organisation féodale de l'agriculture et de l'industrie manufacturière

التنظيم الإقطاعي للزراعة والصناعة التحويلية

Les rapports féodaux de propriété n'étaient plus compatibles avec les conditions matérielles

لم تعد العلاقات الإقطاعية للملكية متوافقة مع الظروف المادية

Ils devaient être brisés, alors ils ont été brisés

كان لا بد من انفجارهم ، لذلك تم تفجيرهم

À leur place s'est ajoutée la libre concurrence des forces productives

في مكانهم صعدت المنافسة الحرة من القوى المنتجة

et ils étaient accompagnés d'une constitution sociale et politique adaptée à celle-ci

ورافقها دستور اجتماعي وسياسي يتكيف معها

et elle s'accompagnait de l'emprise économique et politique de la classe bourgeoise

ورافقه النفوذ الاقتصادي والسياسي للطبقة البرجوازية.

Un mouvement similaire est en train de se produire sous nos yeux

حركة مماثلة تجري أمام أعيننا

La société bourgeoise moderne avec ses rapports de production, d'échange et de propriété

المجتمع البرجوازي الحديث بعلاقات الإنتاج والتبادل والملكية

une société qui a inventé des moyens de production et d'échange aussi gigantesques

مجتمع استحضر مثل هذه الوسائل العملاقة للإنتاج والتبادل

C'est comme le sorcier qui a invoqué les puissances de l'au-delà

إنه مثل الساحر الذي استدعى قوى العالم السفلي

Mais il n'est plus capable de contrôler ce qu'il a mis au monde

لكنه لم يعد قادرا على السيطرة على ما جلبه إلى العالم

Pendant de nombreuses décennies, l'histoire a été liée par un fil conducteur

لعقد من الزمان ، كان التاريخ الماضي مرتبطا بخيط مشترك

L'histoire de l'industrie et du commerce n'a été que l'histoire des révoltes

لم يكن تاريخ الصناعة والتجارة سوى تاريخ الثورات

Les révoltes des forces productives modernes contre les conditions modernes de production

ثورات القوى المنتجة الحديثة ضد ظروف الإنتاج الحديثة

Les révoltes des forces productives modernes contre les rapports de propriété

ثورات القوى المنتجة الحديثة ضد علاقات الملكية

ces rapports de propriété sont les conditions de l'existence de la bourgeoisie

علاقات الملكية هذه هي شروط وجود البرجوازية

et l'existence de la bourgeoisie détermine les règles des rapports de propriété

ووجود البرجوازية يحدد قواعد علاقات الملكية

Il suffit de mentionner le retour périodique des crises commerciales

يكفي أن نذكر العودة الدورية للأزمات التجارية

chaque crise commerciale est plus menaçante pour la société bourgeoise que la précédente

كل أزمة تجارية تهدد المجتمع البرجوازي أكثر من سابقتها

Dans ces crises, une grande partie des produits existants sont détruits

في هذه الأزمات يتم تدمير جزء كبير من المنتجات الموجودة

Mais ces crises détruisent aussi les forces productives créées précédemment

لكن هذه الأزمات تدمر أيضا القوى المنتجة التي تم إنشاؤها سابقا.

Dans toutes les époques antérieures, ces épidémies auraient semblé une absurdité

في جميع العصور السابقة ، كانت هذه الأوبئة تبدو سخيفة

parce que ces épidémies sont les crises commerciales de la surproduction

لأن هذه الأوبئة هي الأزمات التجارية للإفراط في الإنتاج

La société se trouve soudain remise dans un état de barbarie momentanée

يجد المجتمع نفسه فجأة في حالة من الهمجية اللحظية

comme si une guerre universelle de dévastation avait coupé tous les moyens de subsistance

كما لو أن حرب الدمار العالمية قد قطعت كل وسائل العيش

l'industrie et le commerce semblent avoir été détruits ; Et pourquoi ?

يبدو أن الصناعة والتجارة قد دمرت .ولماذا؟

Parce qu'il y a trop de civilisation et de moyens de subsistance

لأن هناك الكثير من الحضارة ووسائل العيش

et parce qu'il y a trop d'industrie et trop de commerce

ولأن هناك الكثير من الصناعة ، والكثير من التجارة

Les forces productives à la disposition de la société ne développent plus la propriété bourgeoise

القوى المنتجة تحت تصرف المجتمع لم تعد تطور الملكية البرجوازية

au contraire, ils sont devenus trop puissants pour ces conditions, par lesquelles ils sont enchaînés

، على العكس من ذلك ، فقد أصبحوا أقوياء للغاية بالنسبة لهذه الظروف التي يتم تقييدهم بها

dès qu'ils surmontent ces entraves, ils mettent le désordre dans toute la société bourgeoise

بمجرد أن يتغلبوا على هذه القيود ، فإنهم يجلبون الفوضى إلى المجتمع البرجوازي بأكمله

et les forces productives mettent en danger l'existence de la propriété bourgeoise

والقوى المنتجة تعرض للخطر وجود الملكية البرجوازية

Les conditions de la société bourgeoise sont trop étroites pour englober les richesses qu'elles créent

إن ظروف المجتمع البرجوازي أضيق من أن تشمل الثروة التي خلقوها.

Et comment la bourgeoisie surmonte-t-elle ces crises ?

وكيف تتغلب البرجوازية على هذه الأزمات؟

D'une part, elle surmonte ces crises par la destruction forcée d'une masse de forces productives

فمن ناحية، تتغلب على هذه الأزمات من خلال التدمير القسري لكتلة من القوى المنتجة.

D'autre part, elle surmonte ces crises par la conquête de nouveaux marchés

من ناحية أخرى ، فإنه يتغلب على هذه الأزمات من خلال غزو أسواق جديدة

et elle surmonte ces crises par l'exploitation plus poussée des anciennes forces productives

وتتغلب على هذه الأزمات من خلال الاستغلال الأكثر شمولا لقوى الإنتاج القديمة.

C'est-à-dire en ouvrant la voie à des crises plus étendues et plus destructrices

.وهذا يعني ، من خلال تمهيد الطريق لأزمات أكثر اتساعا وأكثر تدميرا

elle surmonte la crise en diminuant les moyens de prévention des crises

إنه يتغلب على الأزمة من خلال تقليص الوسائل التي يتم من خلالها منع الأزمات

Les armes avec lesquelles la bourgeoisie a abattu le féodalisme sont maintenant retournées contre elle-même

إن الأسلحة التي أسقطت بها البرجوازية الإقطاع على الأرض تحولت الآن ضد نفسها

Mais non seulement la bourgeoisie a-t-elle forgé les armes qui lui apportent la mort

لكن البرجوازية لم تقم فقط بصياغة الأسلحة التي تجلب الموت لنفسها

Il a également appelé à l'existence les hommes qui doivent manier ces armes

.كما دعت إلى الوجود الرجال الذين سيستخدمون تلك الأسلحة

Et ces hommes sont la classe ouvrière moderne ; Ce sont les prolétaires

وهؤلاء الرجال هم الطبقة العاملة الحديثة. هم البروليتاريون

À mesure que la bourgeoisie se développe, le prolétariat se développe dans la même proportion

بالتناسب مع تطور البرجوازية ، بنفس النسبة تطورت البروليتاريا

La classe ouvrière moderne a développé une classe d'ouvriers

طورت الطبقة العاملة الحديثة طبقة من العمال

Cette classe d'ouvriers ne vit que tant qu'elle trouve du travail

هذه الطبقة من العمال تعيش فقط طالما أنها تجد عملا

et ils ne trouvent de travail qu'aussi longtemps que leur travail augmente le capital

ويجدون عملا فقط طالما أن عملهم يزيد رأس المال

Ces ouvriers, qui doivent se vendre à la pièce, sont une marchandise

.هؤلاء العمال، الذين يجب أن يبيعوا أنفسهم بالقطعة، هم سلعة

Ces ouvriers sont comme tous les autres articles de commerce

هؤلاء العمال مثل أي مادة تجارية أخرى

et, par conséquent, ils sont exposés à toutes les vicissitudes
de la concurrence

وبالتالي يتعرضون لجميع تقلبات المنافسة

Ils doivent faire face à toutes les fluctuations du marché

عليهم أن يتحملوا جميع تقلبات السوق

En raison de l'utilisation intensive des machines et de la
division du travail

بسبب الاستخدام المكثف للآلات وتقسيم العمل

Le travail des prolétaires a perdu tout caractère individuel

لقد فقد عمل البروليتاريين كل طابع فردي

et, par conséquent, le travail des prolétaires a perdu tout
charme pour l'ouvrier

وبالتالي ، فقد عمل البروليتاريين كل سحر للعامل

Il devient un appendice de la machine, plutôt que l'homme
qu'il était autrefois

يصبح ملحقا للآلة ، بدلا من الرجل الذي كان عليه ذات مرة

On n'exige de lui que l'habileté la plus simple, la plus
monotone et la plus facile à acquérir

مطلوب منه فقط الموهبة الأكثر بساطة ورتابة والأكثر سهولة في
الحصول عليها

Par conséquent, le coût de production d'un ouvrier est limité

وبالتالي ، فإن تكلفة إنتاج العامل مقيدة

elle se limite presque entièrement aux moyens de
subsistance dont il a besoin pour son entretien

يقتصر بشكل شبه كامل على وسائل العيش التي يحتاجها لإعالته

et elle est limitée aux moyens de subsistance dont il a besoin
pour la propagation de sa race

ويقتصر على وسائل العيش التي يحتاجها لنشر جنسه

Mais le prix d'une marchandise, et par conséquent aussi du
travail, est égal à son coût de production

لكن سعر السلعة ، وبالتالي أيضا العمل ، يساوي تكلفة إنتاجها.

C'est pourquoi, à mesure que le travail répugnant augmente,
le salaire diminue

بالتناسب ، لذلك ، مع زيادة تنافر العمل ، ينخفض الأجر

Bien plus, le caractère répugnant de son travail augmente à
un rythme encore plus grand

كلا ، يزداد اشمئزاز عمله بمعدل أكبر

À mesure que l'utilisation des machines et la division du travail augmentent, le fardeau du labeur augmente également

مع زيادة استخدام الآلات وتقسيم العمل ، يزداد عبء الكدح

La charge de travail est augmentée par la prolongation du temps de travail

يزداد عبء الكدح بإطالة ساعات العمل

On attend plus de l'ouvrier dans le même temps qu'auparavant

يتوقع المزيد من العامل في نفس الوقت كما كان من قبل

Et bien sûr, le poids du labeur est augmenté par la vitesse de la machine

وبالطبع يزداد عبء الكدح بسرعة الماكينة

L'industrie moderne a transformé le petit atelier du maître patriarcal en la grande usine du capitaliste industriel

لقد حولت الصناعة الحديثة الورشة الصغيرة للسيد البطريركي إلى مصنع كبير للرأسمالي الصناعي

Des masses d'ouvriers, entassés dans l'usine, s'organisent comme des soldats

جماهير العمال، المحتشدة في المصنع، منظمة مثل الجنود

En tant que simples soldats de l'armée industrielle, ils sont placés sous le commandement d'une hiérarchie parfaite d'officiers et de sergents

كجنود في الجيش الصناعي ، يتم وضعهم تحت قيادة تسلسل هرمي مثالي من الضباط والرقباء

ils ne sont pas seulement les esclaves de la classe bourgeoise et de l'État

إنهم ليسوا فقط عبيد الطبقة البرجوازية والدولة

Mais ils sont aussi asservis quotidiennement et d'heure en heure par la machine

لكنهم أيضا مستعبدون يوميا وكل ساعة من قبل الآلة

ils sont asservis par le surveillant, et surtout par le fabricant bourgeois lui-même

إنهم مستعبدون من قبل المتفرج ، وقبل كل شيء ، من قبل صانع البرجوازية الفردي نفسه

Plus ce despotisme proclame ouvertement que le gain est sa fin et son but, plus il est mesquin, plus haïssable et plus aigri

وكلما أعلن هذا الاستبداد بشكل علني أن المكاسب هي غايته وهدفه، كلما كان أكثر تافهة، وأكثر بغضا وأكثر مرارة

Plus l'industrie moderne se développe, moins les différences entre les sexes sont grandes

كلما تطورت الصناعة الحديثة ، قلت الاختلافات بين الجنسين

Moins le travail manuel exige d'habileté et d'effort de force, plus le travail des hommes est supplanté par celui des femmes

وكلما قلت مهارة وجهد وجهد القوة الذي ينطوي عليه العمل اليدوي، كلما حل عمل الرجال محل عمل النساء.

Les différences d'âge et de sexe n'ont plus de validité sociale distincte pour la classe ouvrière

لم يعد للاختلافات في العمر والجنس أي صلاحية اجتماعية مميزة للطبقة العاملة

Tous sont des instruments de travail, plus ou moins coûteux à utiliser, selon leur âge et leur sexe

وجميعها أدوات عمل، واستخدامها أكثر أو أقل تكلفة، وفقا لسنها وجنسها.

dès que l'ouvrier reçoit son salaire en espèces, il est attaqué par les autres parties de la bourgeoisie

بمجرد أن يتلقى العامل أجره نقدا ، يتم تحديده من قبل الأجزاء الأخرى من البرجوازية

le propriétaire, le commerçant, le prêteur sur gages, etc

المالك ، صاحب المتجر ، المرهن ، إلخ

Les couches inférieures de la classe moyenne ; les petits commerçants et les commerçants

الطبقات الدنيا من الطبقة الوسطى ؛ التجار الصغار وأصحاب المتاجر

les commerçants retraités en général, et les artisans et les paysans

التجار المتقاعدون بشكل عام ، والحرفيون والفلاحون

tout cela s'enfonce peu à peu dans le prolétariat

كل هذه تغرق تدريجيا في البروليتاريا

en partie parce que leur petit capital ne suffit pas à l'échelle sur laquelle l'industrie moderne est exercée

ويرجع ذلك جزئيا إلى أن رأس مالها الضئيل لا يكفي للنطاق الذي تتم فيه الصناعة الحديثة

et parce qu'elle est submergée par la concurrence avec les grands capitalistes

ولأنها غارقة في المنافسة مع كبار الرأسماليين

en partie parce que leur savoir-faire spécialisé est rendu sans valeur par les nouvelles méthodes de production

جزئيا لأن مهاراتهم المتخصصة أصبحت عديمة القيمة بسبب أساليب الإنتاج الجديدة

Ainsi le prolétariat se recrute dans toutes les classes de la population

وهكذا يتم تجنيد البروليتاريا من جميع طبقات السكان

Le prolétariat passe par différents stades de développement

تمر البروليتاريا بمراحل مختلفة من التطور

Avec sa naissance commence sa lutte contre la bourgeoisie

مع ولادتها يبدأ صراعها مع البرجوازية

Dans un premier temps, la lutte est menée par des ouvriers individuels

في البداية يتم إجراء المسابقة من قبل العمال الأفراد

Ensuite, le concours est mené par les ouvriers d'une usine

ثم يتم إجراء المسابقة من قبل عمال المصنع

Ensuite, la lutte est menée par les agents d'un métier, dans une localité

ثم يتم إجراء المسابقة من قبل نشطاء تجارة واحدة ، في مكان واحد

et la lutte est alors contre la bourgeoisie individuelle qui les exploite directement

والمنافسة إذن ضد البرجوازية الفردية التي تستغلها مباشرة

Ils ne dirigent pas leurs attaques contre les conditions de production de la bourgeoisie

إنهم يوجهون هجماتهم ليس ضد ظروف الإنتاج البرجوازية

mais ils dirigent leur attaque contre les instruments de production eux-mêmes

لكنهم يوجهون هجومهم ضد أدوات الإنتاج بأنفسهم.

Ils détruisent les marchandises importées qui font concurrence à leur main-d'œuvre

إنهم يدمرون السلع المستوردة التي تنافس عملهم

Ils brisent les machines et mettent le feu aux usines

لقد حطموا الآلات إلى قطع وأشعلوا النار في المصانع

ils cherchent à restaurer par la force le statut disparu de l'ouvrier du Moyen Âge

إنهم يسعون إلى استعادة الوضع المختفي لعامل العصور الوسطى بالقوة

À ce stade, les ouvriers forment encore une masse incohérente dispersée dans tout le pays

في هذه المرحلة لا يزال العمال يشكلون كتلة غير متماسكة منتشرة في جميع أنحاء البلاد.

et ils sont brisés par leur concurrence mutuelle

ويتم تفكيكهم بسبب منافستهم المتبادلة

S'ils s'unissent quelque part pour former des corps plus compacts, ce n'est pas encore la conséquence de leur propre union active

إذا اتحدوا في أي مكان لتشكيل هيئات أكثر إحكاما ، فهذا ليس نتيجة لاتحادهم النشط

mais c'est une conséquence de l'union de la bourgeoisie, d'atteindre ses propres fins politiques

لكنها نتيجة لاتحاد البرجوازية ، لتحقيق غاياتها السياسية الخاصة

la bourgeoisie est obligée de mettre en mouvement tout le prolétariat

البرجوازية مجبرة على تحريك البروليتاريا بأكملها

et d'ailleurs, pour un temps, la bourgeoisie est capable de le faire

وعلاوة على ذلك ، في الوقت الحاضر ، فإن البرجوازية قادرة على القيام بذلك

À ce stade, les prolétaires ne combattent donc pas leurs ennemis

في هذه المرحلة ، لذلك ، لا يحارب البروليتاريون أعداءهم

mais au lieu de cela, ils combattent les ennemis de leurs ennemis

لكنهم بدلا من ذلك يقاتلون أعداء أعدائهم.

La lutte contre les vestiges de la monarchie absolue et les propriétaires terriens

قتال فلول الملكية المطلقة وملاك الأراضي

ils combattent la bourgeoisie non industrielle ; la petite bourgeoisie

إنهم يقاتلون البرجوازية غير الصناعية. البرجوازية الصغيرة

Ainsi tout le mouvement historique est concentré entre les mains de la bourgeoisie

وهكذا تتركز الحركة التاريخية برمتها في أيدي البرجوازية

chaque victoire ainsi obtenue est une victoire pour la bourgeoisie

كل انتصار يتم الحصول عليه هو انتصار للبرجوازية

Mais avec le développement de l'industrie, le prolétariat ne se contente pas d'augmenter en nombre

ولكن مع تطور الصناعة ، لا يزداد عدد البروليتاريا فقط

le prolétariat se concentre en masses plus grandes et sa force s'accroît

تتركز البروليتاريا في كتل أكبر وتنمو قوتها

et le prolétariat ressent de plus en plus cette force

وتشعر البروليتاريا بهذه القوة أكثر فأكثر

Les divers intérêts et conditions de vie dans les rangs du prolétariat sont de plus en plus égalisés

إن المصالح والظروف المختلفة للحياة داخل صفوف البروليتاريا تتساوى أكثر فأكثر

elles deviennent plus proportionnelles à mesure que les machines effacent toutes les distinctions de travail

تصبح أكثر تناسبا حيث تطمس الآلات جميع الفروق في العمل

et les machines réduisent presque partout les salaires au même bas niveau

والآلات في كل مكان تقريبا تخفض الأجور إلى نفس المستوى المنخفض

La concurrence croissante entre la bourgeoisie et les crises commerciales qui en résultent rendent les salaires des ouvriers de plus en plus fluctuants

إن المنافسة المتزايدة بين البرجوازية، والأزمات التجارية الناتجة عنها تجعل أجور العمال أكثر تقلبا من أي وقت مضى.

L'amélioration incessante des machines, qui se développe de plus en plus rapidement, rend leurs moyens d'existence de plus en plus précaires

إن التحسين المستمر للآلات ، الذي يتطور بسرعة أكبر من أي وقت مضى ، يجعل سبل عيشهم أكثر خطورة

les collisions entre les ouvriers individuels et la bourgeoisie individuelle prennent de plus en plus le caractère de collisions entre deux classes

تأخذ الاصطدامات بين العمال الأفراد والبرجوازية الفردية طابع الاصطدامات بين طبقتين أكثر فأكثر

Là-dessus, les ouvriers commencent à former des associations (syndicats) contre la bourgeoisie

عندها يبدأ العمال في تشكيل مجموعات)نقابات (ضد البرجوازية

Ils s'associent pour maintenir le taux des salaires

إنهم يتعاونون معا من أجل الحفاظ على معدل الأجور

Ils fondèrent des associations permanentes afin de pourvoir à l'avance à ces révoltes occasionnelles

لقد وجدوا جمعيات دائمة من أجل توفير هذه الثورات العرضية مسبقا

Ici et là, la lutte éclate en émeutes

هنا وهناك تندلع المسابقة في أعمال شغب

De temps en temps, les ouvriers sont victorieux, mais seulement pour un temps

بين الحين والآخر ينتصر العمال ، ولكن فقط لبعض الوقت

Le vrai fruit de leurs luttes n'est pas dans le résultat immédiat, mais dans l'union toujours plus grande des travailleurs

إن الثمرة الحقيقية لمعاركهم لا تكمن في النتيجة الفورية، بل في اتحاد العمال المتوسع باستمرار.

Cette union est favorisée par les moyens de communication améliorés créés par l'industrie moderne

ويساعد هذا الاتحاد من خلال وسائل الاتصال المحسنة التي يتم إنشاؤها بواسطة الصناعة الحديثة

La communication moderne met en contact les travailleurs de différentes localités les uns avec les autres

الاتصالات الحديثة تضع العمال من مختلف المناطق على اتصال مع بعضهم البعض

C'était précisément ce contact qui était nécessaire pour centraliser les nombreuses luttes locales en une lutte nationale entre les classes

كان هذا الاتصال فقط هو المطلوب لتركيز النضالات المحلية العديدة في
صراع وطني واحد بين الطبقات.

Toutes ces luttes sont du même caractère, et toute lutte de classe est une lutte politique

كل هذه النضالات لها نفس الطابع ، وكل صراع طبقي هو صراع سياسي

les bourgeois du moyen âge, avec leurs misérables routes, mettaient des siècles à former leurs syndicats

احتاج البرغر في العصور الوسطى ، بطرقهم السريعة البائسة ، إلى
قرون لتشكيل نقاباتهم

Les prolétaires modernes, grâce aux chemins de fer, réalisent leurs syndicats en quelques années

البروليتاريون الحديثون ، بفضل السكك الحديدية ، يحققون نقاباتهم في
غضون بضع سنوات

Cette organisation des prolétaires en classe les a donc formés en parti politique

هذا التنظيم للبروليتاريين في طبقة شكلهم بالتالي في حزب سياسي

La classe politique est continuellement bouleversée par la concurrence entre les travailleurs eux-mêmes

الطبقة السياسية مستاءة باستمرار مرة أخرى من المنافسة بين العمال
أنفسهم

Mais la classe politique continue de se soulever, plus forte, plus ferme, plus puissante

لكن الطبقة السياسية تستمر في النهوض مرة أخرى، أقوى وأكثر حزما
وقوة.

Elle oblige la législation à reconnaître les intérêts particuliers des travailleurs

إنه يفرض الاعتراف التشريعي بالمصالح الخاصة للعمال

il le fait en profitant des divisions au sein de la bourgeoisie elle-même

وهي تفعل ذلك من خلال الاستفادة من الانقسامات بين البرجوازية نفسها

C'est ainsi qu'en Angleterre fut promulguée la loi sur les dix heures

وهكذا تم وضع مشروع قانون العشر ساعات في إنجلترا في القانون

à bien des égards, les collisions entre les classes de l'ancienne société sont en outre le cours du développement du prolétariat

من نواح كثيرة ، فإن الاصطدامات بين طبقات المجتمع القديم هي مسار تطور البروليتاريا

La bourgeoisie se trouve engagée dans une bataille de tous les instants

البرجوازية تجد نفسها متورطة في معركة مستمرة

Dans un premier temps, il se trouvera impliqué dans une bataille constante avec l'aristocratie

في البداية ستجد نفسها متورطة في معركة مستمرة مع الطبقة الأرستقراطية.

plus tard, elle se trouvera engagée dans une lutte constante avec ces parties de la bourgeoisie elle-même

في وقت لاحق ستجد نفسها متورطة في معركة مستمرة مع تلك الأجزاء من البرجوازية نفسها

et leurs intérêts seront devenus antagonistes au progrès de l'industrie

وستصبح مصالحهم معادية لتقدم الصناعة

à tout moment, leurs intérêts seront devenus antagonistes avec la bourgeoisie des pays étrangers

في جميع الأوقات ، ستصبح مصالحهم معادية لبرجوازية البلدان الأجنبية

Dans toutes ces batailles, elle se voit obligée de faire appel au prolétariat et lui demande son aide

في كل هذه المعارك ترى نفسها مضطرة إلى مناشدة البروليتاريا وتطلب مساعدتها ،

Et ainsi, il se sentira obligé de l'entraîner dans l'arène politique

وبالتالي، ستشعر بأنها مضطرة لجرها إلى الساحة السياسية.

C'est pourquoi la bourgeoisie elle-même fournit au prolétariat ses propres instruments d'éducation politique et générale

لذلك فإن البرجوازية نفسها تزود البروليتاريا بأدواتها الخاصة في التعليم السياسي والعام.

c'est-à-dire qu'il fournit au prolétariat des armes pour combattre la bourgeoisie

وبعبارة أخرى، فإنه يزود البروليتاريا بالأسلحة لمحاربة البرجوازية.

De plus, comme nous l'avons déjà vu, des sections entières des classes dominantes sont précipitées dans le prolétariat

علاوة على ذلك ، كما رأينا بالفعل ، يتم ترسب قطاعات كاملة من الطبقات الحاكمة في البروليتاريا

le progrès de l'industrie les aspire dans le prolétariat

تقدم الصناعة يجذبهم إلى البروليتاريا

ou, du moins, ils sont menacés dans leurs conditions d'existence

أو ، على الأقل ، هم مهددون في ظروف وجودهم

Ceux-ci fournissent également au prolétariat de nouveaux éléments d'illumination et de progrès

هذه أيضا تزود البروليتاريا بعناصر جديدة من التنوير والتقدم

Enfin, à l'approche de l'heure décisive de la lutte des classes

أخيرا ، في الأوقات التي يقترب فيها الصراع الطبقي من الساعة الحاسمة

le processus de dissolution en cours au sein de la classe dirigeante

عملية الانحلال الجارية داخل الطبقة الحاكمة

En fait, la dissolution en cours au sein de la classe dirigeante se fera sentir dans toute la société

في الواقع، إن الانحلال الذي يحدث داخل الطبقة الحاكمة سيكون محسوسا داخل كل نطاق المجتمع.

Il prendra un caractère si violent et si flagrant qu'une petite partie de la classe dirigeante se laissera aller à la dérive

سوف تتخذ طابعا عنيفا وصارخا ، بحيث يقطع قسم صغير من الطبقة الحاكمة نفسه على غير هدى.

et que la classe dirigeante rejoindra la classe révolutionnaire

وأن الطبقة الحاكمة ستنضم إلى الطبقة الثورية

La classe révolutionnaire étant la classe qui tient l'avenir entre ses mains

الطبقة الثورية هي الطبقة التي تمسك بالمستقبل بين يديها

Comme à une époque antérieure, une partie de la noblesse passa dans la bourgeoisie

تماما كما في فترة سابقة ، ذهب قسم من النبلاء إلى البرجوازية

de la même manière qu'une partie de la bourgeoisie passera au prolétariat

بنفس الطريقة سيذهب جزء من البرجوازية إلى البروليتاريا

en particulier, une partie de la bourgeoisie passera à une partie des idéologues de la bourgeoisie

على وجه الخصوص ، سيذهب جزء من البرجوازية إلى جزء من أيديولوجيات البرجوازية

Des idéologues bourgeois qui se sont élevés au niveau de la compréhension théorique du mouvement historique dans son ensemble

الإيديولوجيون البرجوازيون الذين رفعوا أنفسهم إلى مستوى الفهم النظري للحركة التاريخية ككل

De toutes les classes qui se trouvent aujourd'hui en face de la bourgeoisie, seule le prolétariat est une classe vraiment révolutionnaire

من بين جميع الطبقات التي تقف وجها لوجه مع البرجوازية اليوم ، فإن البروليتاريا وحدها هي طبقة ثورية حقا

Les autres classes se dégradent et finissent par disparaître devant l'industrie moderne

الطبقات الأخرى تتحلل وتختفي أخيرا في مواجهة الصناعة الحديثة

le prolétariat est son produit spécial et essentiel

البروليتاريا هي منتجها الخاص والأساسي

La petite bourgeoisie, le petit industriel, le commerçant, l'artisan, le paysan

الطبقة الوسطى الدنيا ، الشركة المصنعة الصغيرة ، صاحب المتجر الحرفي ، الفلاح ،

toutes ces luttes contre la bourgeoisie

كل هذه المعارك ضد البرجوازية

Ils se battent en tant que fractions de la classe moyenne pour se sauver de l'extinction

إنهم يقاتلون كأجزاء من الطبقة الوسطى لإنقاذ أنفسهم من الانقراض

Ils ne sont donc pas révolutionnaires, mais conservateurs

لذلك فهي ليست ثورية ، لكنها محافظة

Bien plus, ils sont réactionnaires, car ils essaient de faire reculer la roue de l'histoire

لا أكثر، إنهم رجعيون، لأنهم يحاولون إعادة عجلة التاريخ إلى الوراء.

Si par hasard ils sont révolutionnaires, ils ne le sont qu'en vue de leur transfert imminent dans le prolétariat

إذا كانوا ثوريين بالصدفة ، فهم كذلك فقط في ضوء انتقالهم الوشيك إلى البروليتاريا

Ils défendent ainsi non pas leurs intérêts présents, mais leurs intérêts futurs

وبالتالي فهم لا يدافعون عن حاضرهم ، بل عن مصالحهم المستقبلية

ils désertent leur propre point de vue pour se placer à celui du prolétariat

إنهم يتخلون عن وجهة نظرهم الخاصة ويضعون أنفسهم في موقف البروليتاريا

La « classe dangereuse », la racaille sociale, cette masse en décomposition passive rejetée par les couches les plus basses de la vieille société

الطبقة الخطرة "، الحثالة الاجتماعية ، تلك الكتلة المتعفنة بشكل سلبي" التي ألقيت بها الطبقات الدنيا من المجتمع القديم

Ils peuvent, ici et là, être entraînés dans le mouvement par une révolution prolétarienne

قد تجتاحهم الثورة البروليتارية الحركة هنا وهناك.

Ses conditions de vie, cependant, le préparent beaucoup plus au rôle d'instrument soudoyé de l'intrigue réactionnaire

ومع ذلك ، فإن ظروف حياتها تعدها أكثر بكثير لجزء من أداة رشوة من المؤامرات الرجعية.

Dans les conditions du prolétariat, ceux de l'ancienne société dans son ensemble sont déjà virtuellement submergés

في ظروف البروليتاريا ، فإن ظروف المجتمع القديم ككل غارقة بالفعل في

Le prolétaire est sans propriété

البروليتاري بلا ملكية

ses rapports avec sa femme et ses enfants n'ont plus rien de commun avec les relations familiales de la bourgeoisie

علاقته بزوجته وأطفاله لم يعد لها أي شيء مشترك مع العلاقات الأسرية للبرجوازية

le travail industriel moderne, la sujétion moderne au capital, la même en Angleterre qu'en France, en Amérique comme en Allemagne

العمل الصناعي الحديث ، والخضوع الحديث لرأس المال ، هو نفسه في إنجلترا كما في فرنسا ، في أمريكا كما في ألمانيا

Sa condition dans la société l'a dépouillé de toute trace de caractère national

حالته في المجتمع جردته من كل أثر للشخصية الوطنية

La loi, la morale, la religion, sont pour lui autant de préjugés bourgeois

القانون والأخلاق والدين ، هي بالنسبة له الكثير من التحيزات البرجوازية

et derrière ces préjugés se cachent en embuscade autant d'intérêts bourgeois

ووراء هذه التحيزات تكمن في كمين كما العديد من المصالح البرجوازية.

Toutes les classes précédentes, qui ont pris le dessus, ont cherché à fortifier leur statut déjà acquis

سعت جميع الطبقات السابقة التي كانت لها اليد العليا ، إلى تحصين وضعها المكتسب بالفعل

Ils l'ont fait en soumettant la société dans son ensemble à leurs conditions d'appropriation

لقد فعلوا ذلك من خلال إخضاع المجتمع ككل لشروط الاستيلاء الخاصة بهم

Les prolétaires ne peuvent pas devenir maîtres des forces productives de la société

لا يمكن للبروليتاريين أن يصبحوا سادة القوى المنتجة في المجتمع

elle ne peut le faire qu'en abolissant son propre mode d'appropriation antérieur

لا يمكنها القيام بذلك إلا من خلال إلغاء طريقة التخصيص السابقة الخاصة بها

et par là même elle abolit tout autre mode d'appropriation antérieur

وبالتالي فإنه يلغي أيضا كل طريقة سابقة أخرى للتخصيص

Ils n'ont rien à eux pour s'assurer et se fortifier

ليس لديهم شيء خاص بهم لتأمينه وتحصينه

Leur mission est de détruire toutes les sûretés antérieures et les assurances de biens individuels

مهمتهم هي تدمير جميع الأوراق المالية السابقة للممتلكات الفردية وتأمينها

Tous les mouvements historiques antérieurs étaient des mouvements de minorités

جميع الحركات التاريخية السابقة كانت حركات أقليات

ou bien il s'agissait de mouvements dans l'intérêt des minorités

أو كانت حركات لصالح الأقليات

Le mouvement prolétarien est le mouvement conscient et indépendant de l'immense majorité

الحركة البروليتارية هي الحركة الواعية والمستقلة للأغلبية الساحقة

Et c'est un mouvement dans l'intérêt de l'immense majorité

وهي حركة تصب في مصلحة الأغلبية الساحقة

Le prolétariat, couche la plus basse de notre société actuelle

البروليتاريا، أدنى طبقة في مجتمعنا الحالي

elle ne peut ni s'agiter ni s'élever sans que toutes les couches supérieures de la société officielle ne soient soulevées en l'air

لا يمكنها أن تحرك أو ترفع نفسها دون أن تنتشر في الهواء الطبقات المتفوقة بأكملها في المجتمع الرسمي.

Loin d'être dans le fond, mais dans la forme, la lutte du prolétariat contre la bourgeoisie est d'abord une lutte nationale

وإن لم يكن نضال البروليتاريا مع البرجوازية في الجوهر، إلا أنه في الشكل، هو في البداية نضال وطني.

Le prolétariat de chaque pays doit, bien entendu, régler d'abord ses affaires avec sa propre bourgeoisie

يجب على البروليتاريا في كل بلد ، بالطبع ، أولا وقبل كل شيء تسوية الأمور مع برجوازيتها الخاصة.

En décrivant les phases les plus générales du développement du prolétariat, nous avons retracé la guerre civile plus ou moins voilée

في تصوير المراحل الأكثر عمومية لتطور البروليتاريا، تتبعنا الحرب الأهلية المبطنة إلى حد ما

Ce civil fait rage au sein de la société existante

هذا المدني مستعر داخل المجتمع القائم

Elle fera rage jusqu'au point où cette guerre éclatera en révolution ouverte

سوف تحتدم إلى النقطة التي تندلع فيها تلك الحرب إلى ثورة مفتوحة

et alors le renversement violent de la bourgeoisie jette les bases de l'emprise du prolétariat

ومن ثم فإن الإطاحة العنيفة بالبرجوازية تضع الأساس لسيطرة البروليتاريا

Jusqu'à présent, toute forme de société a été fondée, comme nous l'avons déjà vu, sur l'antagonisme des classes oppressives et opprimées

، حتى الآن ، كان كل شكل من أشكال المجتمع قائما ، كما رأينا بالفعل على عداء الطبقات المضطهدة والمضطهدة

Mais pour opprimer une classe, il faut lui assurer certaines conditions

ولكن من أجل قمع الطبقة ، يجب ضمان شروط معينة لها

La classe doit être maintenue dans des conditions dans lesquelles elle peut, au moins, continuer son existence servile

يجب أن تبقى الطبقة في ظل ظروف يمكنها فيها ، على الأقل ، مواصلة وجودها العبودي

Le serf, à l'époque du servage, s'élevait lui-même au rang d'adhérent à la commune

رفع الأقنان ، في فترة القنانة ، نفسه إلى عضوية في البلدية

de même que la petite bourgeoisie, sous le joug de l'absolutisme féodal, a réussi à se développer en bourgeoisie

تماما كما تمكنت البرجوازية الصغيرة ، تحت نير الحكم المطلق الإقطاعي ، من التطور إلى برجوازية

L'ouvrier moderne, au contraire, au lieu de s'élever avec les progrès de l'industrie, s'enfonce de plus en plus profondément

العامل الحديث ، على العكس من ذلك ، بدلا من النهوض مع تقدم الصناعة ، يغرق أعمق وأعمق

il s'enfonce au-dessous des conditions d'existence de sa propre classe

يغرق تحت ظروف وجود طبقته

Il devient pauvre, et le paupérisme se développe plus rapidement que la population et la richesse

يصبح فقيرا ، ويتطور الفقر بسرعة أكبر من السكان والثروة

Et c'est là qu'il devient évident que la bourgeoisie n'est plus apte à être la classe dominante dans la société

وهنا يصبح من الواضح أن البرجوازية لم تعد صالحة لتكون الطبقة الحاكمة في المجتمع

et elle n'est pas digne d'imposer ses conditions d'existence à la société comme une loi prépondérante

ولا يصلح لفرض شروط وجوده على المجتمع كقانون مهيمن

Il est inapte à gouverner parce qu'il est incompétent pour assurer une existence à son esclave dans son esclavage

إنه غير صالح للحكم لأنه غير مؤهل لضمان وجود لعبده داخل عبوديته

parce qu'il ne peut s'empêcher de le laisser sombrer dans un tel état, qu'il doit le nourrir, au lieu d'être nourri par lui

لأنه لا يمكن أن يساعد في السماح له بالغرق في مثل هذه الحالة ، بحيث يتعين عليه إطعامه ، بدلا من إطعامه من قبله

La société ne peut plus vivre sous cette bourgeoisie

لم يعد بإمكان المجتمع العيش في ظل هذه البرجوازية

En d'autres termes, son existence n'est plus compatible avec la société

بمعنى آخر ، لم يعد وجودها متوافقا مع المجتمع

La condition essentielle de l'existence et de l'influence de la classe bourgeoise est la formation et l'accroissement du capital

إن الشرط الأساسي لوجود الطبقة البرجوازية وسيطرتها هو تكوين رأس المال. وزيادته

La condition du capital, c'est le salariat-travail

شرط رأس المال هو العمل المأجور

Le travail salarié repose exclusivement sur la concurrence entre les travailleurs

يعتمد العمل المأجور حصرا على المنافسة بين العمال

Le progrès de l'industrie, dont le promoteur involontaire est la bourgeoisie, remplace l'isolement des ouvriers

إن تقدم الصناعة، التي هي البرجوازية مروجها غير الطوعي، يحل محل عزلة العمال.

en raison de la concurrence, en raison de leur combinaison révolutionnaire, en raison de l'association

بسبب المنافسة ، بسبب مزيجهم الثوري ، بسبب الارتباط

Le développement de l'industrie moderne lui coupe sous les pieds les fondements mêmes sur lesquels la bourgeoisie produit et s'approprie les produits

إن تطور الصناعة الحديثة يقطع من تحت قدميه الأساس الذي تنتج عليه
البرجوازية المنتجات وتستولي عليها.

Ce que la bourgeoisie produit avant tout, ce sont ses propres fossoyeurs

ما تنتجه البرجوازية ، قبل كل شيء ، هو حفارو قبورها

La chute de la bourgeoisie et la victoire du prolétariat sont également inévitables

إن سقوط البرجوازية وانتصار البروليتاريا أمر لا مفر منه بنفس القدر

Prolétaires et communistes
البروليتاريون والشيوعيون

Quel est le rapport des communistes vis-à-vis de l'ensemble des prolétaires ?

في أي علاقة يقف الشيوعيون مع البروليتاريا ككل؟

Les communistes ne forment pas un parti séparé opposé aux autres partis de la classe ouvrière

لا يشكل الشيوعيون حزبا منفصلا يعارض أحزاب الطبقة العاملة الأخرى

Ils n'ont pas d'intérêts séparés de ceux du prolétariat dans son ensemble

ليس لديهم مصالح منفصلة ومنفصلة عن مصالح البروليتاريا ككل.

Ils n'établissent pas de principes sectaires qui leur soient propres pour façonner et modeler le mouvement prolétarien

إنهم لا يضعون أي مبادئ طائفية خاصة بهم ، لتشكيل وتشكيل الحركة البروليتارية

Les communistes ne se distinguent des autres partis ouvriers que par deux choses

يتميز الشيوعيون عن أحزاب الطبقة العاملة الأخرى بأمرين فقط.

Premièrement, ils signalent et mettent en avant les intérêts communs de l'ensemble du prolétariat, indépendamment de toute nationalité

أولا، إنهم يشيرون إلى المصالح المشتركة للبروليتاريا بأسرها، بغض النظر عن كل قومية.

C'est ce qu'ils font dans les luttes nationales des prolétaires des différents pays

هذا ما يفعلونه في النضالات الوطنية للبروليتاريين في مختلف البلدان.

Deuxièmement, ils représentent toujours et partout les intérêts du mouvement dans son ensemble

ثانيا، إنها تمثل دائما وفي كل مكان مصالح الحركة ككل.

c'est ce qu'ils font dans les différents stades de développement par lesquels doit passer la lutte de la classe ouvrière contre la bourgeoisie

هذا ما يفعلونه في مختلف مراحل التطور ، والتي يجب أن يمر بها نضال الطبقة العاملة ضد البرجوازية

Les communistes sont donc, d'une part, pratiquement, la section la plus avancée et la plus résolue des partis ouvriers de tous les pays

لذلك فإن الشيوعيين هم من ناحية ، عمليا ، القسم الأكثر تقدما وتصميما من أحزاب الطبقة العاملة في كل بلد.

Ils sont cette section de la classe ouvrière qui pousse en avant toutes les autres

إنهم ذلك القسم من الطبقة العاملة الذي يدفع جميع الآخرين إلى الأمام.

Théoriquement, ils ont aussi l'avantage de bien comprendre la ligne de marche

من الناحية النظرية ، لديهم أيضا ميزة فهم خط المسيرة بوضوح

C'est ce qu'ils comprennent mieux par rapport à la grande masse du prolétariat

هذا يفهمونه بشكل أفضل مقارنة بالكتلة العظمى للبروليتاريا

Ils comprennent les conditions et les résultats généraux ultimes du mouvement prolétarien

إنهم يفهمون الظروف والنتائج العامة النهائية للحركة البروليتارية

Le but immédiat du Parti communiste est le même que celui de tous les autres partis prolétariens

إن الهدف المباشر للشيوعية هو نفس هدف جميع الأحزاب البروليتارية الأخرى.

Leur but est la formation du prolétariat en classe

هدفهم هو تشكيل البروليتاريا في طبقة

ils visent à renverser la suprématie de la bourgeoisie

إنهم يهدفون إلى الإطاحة بسيادة البرجوازية

la conquête du pouvoir politique par le prolétariat

النضال من أجل الاستيلاء على السلطة السياسية من قبل البروليتاريا

Les conclusions théoriques des communistes ne sont nullement basées sur des idées ou des principes de réformateurs

الاستنتاجات النظرية للشيوعيين لا تستند بأي حال من الأحوال إلى أفكار أو مبادئ الإصلاحيين

ce ne sont pas des prétendus réformateurs universels qui ont inventé ou découvert les conclusions théoriques des communistes

لم يكن الإصلاحيون العالميون هم الذين اخترعوا أو اكتشفوا الاستنتاجات النظرية للشيوعيين

Ils ne font qu'exprimer, en termes généraux, des rapports réels qui naissent d'une lutte de classe existante

إنها تعبر فقط ، بعبارات عامة ، عن علاقات فعلية تنبع من صراع طبقي قائم

Et ils décrivent le mouvement historique qui se déroule sous nos yeux et qui a créé cette lutte des classes

وهم يصفون الحركة التاريخية الجارية تحت أعيننا والتي خلقت هذا الصراع الطبقي

L'abolition des rapports de propriété existants n'est pas du tout un trait distinctif du communisme

إن إلغاء علاقات الملكية القائمة ليس سمة مميزة للشيوعية على الإطلاق

Dans le passé, toutes les relations de propriété ont été continuellement sujettes à des changements historiques

كانت جميع علاقات الملكية في الماضي تخضع باستمرار للتغيير التاريخي

et ces changements ont été consécutifs au changement des conditions historiques

وكانت هذه التغييرات نتيجة للتغير في الظروف التاريخية

La Révolution française, par exemple, a aboli la propriété féodale au profit de la propriété bourgeoise

الثورة الفرنسية ، على سبيل المثال ، ألغت الملكية الإقطاعية لصالح الملكية البرجوازية

Le trait distinctif du communisme n'est pas l'abolition de la propriété, en général

السمة المميزة للشيوعية ليست إلغاء الملكية ، بشكل عام

mais le trait distinctif du communisme, c'est l'abolition de la propriété bourgeoise

لكن السمة المميزة للشيوعية هي إلغاء الملكية البرجوازية.

Mais la propriété privée de la bourgeoisie moderne est l'expression ultime et la plus complète du système de production et d'appropriation des produits

لكن الملكية الخاصة البرجوازية الحديثة هي التعبير النهائي والأكثر اكتمالا عن نظام إنتاج المنتجات والاستيلاء عليها.

C'est l'état final d'un système basé sur les antagonismes de classe, où l'antagonisme de classe est l'exploitation du plus grand nombre par quelques-uns

إنها الحالة النهائية لنظام قائم على التناقضات الطبقية ، حيث العداء الطبقي هو استغلال الأكثرية من قبل القلة.

En ce sens, la théorie des communistes peut se résumer en une seule phrase ; l'abolition de la propriété privée

بهذا المعنى ، يمكن تلخيص نظرية الشيوعيين في جملة واحدة. إلغاء الملكية الخاصة

On nous a reproché, à nous communistes, de vouloir abolir le droit d'acquérir personnellement des biens

لقد تم توبيخنا نحن الشيوعيين بالرغبة في إلغاء الحق في الحصول على الممتلكات شخصيا

On prétend que cette propriété est le fruit du travail de l'homme

يزعم أن هذه الممتلكات هي ثمرة عمل الرجل نفسه

et cette propriété est censée être le fondement de toute liberté, de toute activité et de toute indépendance individuelles.

ويزعم أن هذه الممتلكات هي أساس كل الحرية الشخصية والنشاط والاستقلال.

« Propriété durement gagnée, auto-acquise, auto-gagnée ! »

"إممتلكات مكتسبة بشق الأنفس ، مكتسبة ذاتيا"!

Voulez-vous dire la propriété du petit artisan et du petit paysan ?

هل تقصد ممتلكات الحرفي الصغير والفلاح الصغير؟

Voulez-vous parler d'une forme de propriété qui a précédé la forme bourgeoise ?

هل تقصد شكلا من أشكال الملكية التي سبقت شكل البرجوازية؟

Il n'est pas nécessaire de l'abolir, le développement de l'industrie l'a déjà détruit dans une large mesure

ليست هناك حاجة لإلغاء ذلك ، فقد دمره تطوير الصناعة بالفعل إلى حد كبير

et le développement de l'industrie continue de la détruire chaque jour

وتطور الصناعة مازال يدمرها يوميا

Ou voulez-vous parler de la propriété privée de la bourgeoisie moderne ?

أم تقصد الملكية الخاصة البرجوازية الحديثة؟

Mais le travail salarié crée-t-il une propriété pour l'ouvrier ?

ولكن هل يخلق العمل المأجور أي ممتلكات للعامل؟

Non, le travail salarié ne crée pas une parcelle de ce genre de propriété !

إلا ، العمل المأجور لا يخلق جزءا واحدا من هذا النوع من الممتلكات

Ce que le travail salarié crée, c'est du capital ; ce genre de propriété qui exploite le travail salarié

ما يخلقه العمل المأجور هو رأس المال .هذا النوع من الممتلكات التي تستغل العمل المأجور

Le capital ne peut s'accroître qu'à la condition d'engendrer une nouvelle offre de travail salarié pour une nouvelle exploitation

لا يمكن لرأس المال أن يزيد إلا بشرط توليد عرض جديد من العمل المأجور لاستغلال جديد

La propriété, dans sa forme actuelle, est fondée sur l'antagonisme du capital et du salariat

تقوم الملكية، في شكلها الحالي، على عداء رأس المال والعمل المأجور

Examinons les deux côtés de cet antagonisme

دعونا نفحص كلا جانبي هذا العداء

Être capitaliste, ce n'est pas seulement avoir un statut purement personnel

أن تكون رأسماليا لا يعني أن يكون لديك فقط حالة شخصية بحتة

Au contraire, être capitaliste, c'est aussi avoir un statut social dans la production

بدلا من ذلك ، أن تكون رأسماليا هو أيضا أن يكون لديك وضع اجتماعي في الإنتاج

parce que le capital est un produit collectif ; Ce n'est que par l'action unie de nombreux membres qu'elle peut être mise en branle

لأن رأس المال هو منتج جماعي ؛ فقط من خلال العمل الموحد للعديد من الأعضاء يمكن تحريكه

Mais cette action unie n'est qu'un dernier recours, et nécessite en fait tous les membres de la société

لكن هذا العمل الموحد هو الملاذ الأخير ، ويتطلب في الواقع جميع أفراد المجتمع

Le capital est converti en propriété de tous les membres de la société

يتم تحويل رأس المال إلى ملك لجميع أفراد المجتمع

mais le Capital n'est donc pas une puissance personnelle ; c'est un pouvoir social

لكن رأس المال ، إذن ، ليس قوة شخصية .إنها قوة اجتماعية

Ainsi, lorsque le capital est converti en propriété sociale, la propriété personnelle n'est pas pour autant transformée en propriété sociale

لذلك عندما يتم تحويل رأس المال إلى ملكية اجتماعية ، لا يتم تحويل الملكية الشخصية إلى ملكية اجتماعية

Ce n'est que le caractère social de la propriété qui est modifié et qui perd son caractère de classe

فقط الطابع الاجتماعي للممتلكات هو الذي يتغير ، ويفقد طابعه الطبقي

Regardons maintenant le travail salarié

لنلق نظرة الآن على العمل المأجور

Le prix moyen du salariat est le salaire minimum, c'est-à-dire le quantum des moyens de subsistance

متوسط سعر العمل المأجور هو الحد الأدنى للأجور، أي مقدار وسائل العيش.

Ce salaire est absolument nécessaire dans la simple existence d'un ouvrier

هذا الأجر مطلوب تماما في الوجود العاري كعامل

Ce que le salarié s'approprie par son travail ne suffit donc qu'à prolonger et à reproduire une existence nue

وبالتالي، فإن ما يستحوذ عليه العامل المأجور من خلال عمله، يكفي فقط لإطالة أمد وإعادة إنتاج وجود مجرد

Nous n'avons nullement l'intention d'abolir cette appropriation personnelle des produits du travail

نحن لا ننوي بأي حال من الأحوال إلغاء هذا الاستيلاء الشخصي على منتجات العمل

une appropriation qui est faite pour le maintien et la reproduction de la vie humaine

اعتماد مخصص لصيانة الحياة البشرية وإعادة إنتاجها

Une telle appropriation personnelle des produits du travail ne laisse pas de surplus pour commander le travail d'autrui

مثل هذا الاستيلاء الشخصي على منتجات العمل لا يترك فائضا لقيادة عمل الآخرين

Tout ce que nous voulons supprimer, c'est le caractère misérable de cette appropriation

كل ما نريد التخلص منه هو الطابع البائس لهذا الاستيلاء

l'appropriation dont vit l'ouvrier dans le seul but d'augmenter son capital

التخصيص الذي يعيش بموجبه العامل لمجرد زيادة رأس المال

Il n'est autorisé à vivre que dans la mesure où l'intérêt de la classe dominante l'exige

لا يسمح له بالعيش إلا بقدر ما تقتضيه مصلحة الطبقة الحاكمة.

Dans la société bourgeoise, le travail vivant n'est qu'un moyen d'augmenter le travail accumulé

في المجتمع البرجوازي، العمل الحي ليس سوى وسيلة لزيادة العمل المتراكم

Dans la société communiste, le travail accumulé n'est qu'un moyen d'élargir, d'enrichir, de promouvoir l'existence de l'ouvrier

في المجتمع الشيوعي ، العمل المتراكم ليس سوى وسيلة لتوسيع وإثراء وتعزيز وجود العامل

C'est pourquoi, dans la société bourgeoise, le passé domine le présent

في المجتمع البرجوازي ، لذلك ، يهيمن الماضي على الحاضر

dans la société communiste, le présent domine le passé

في المجتمع الشيوعي الحاضر يهيمن على الماضي

Dans la société bourgeoise, le capital est indépendant et a une individualité

في المجتمع البرجوازي رأس المال مستقل وله فردية

Dans la société bourgeoise, la personne vivante est dépendante et n'a pas d'individualité

في المجتمع البرجوازي ، يكون الشخص الحي تابعا وليس له فردية.

Et l'abolition de cet état de choses est appelée par la bourgeoisie l'abolition de l'individualité et de la liberté !

وإلغاء هذه الحالة من الأشياء تسميه البرجوازية ، إلغاء الفردية والحرية!

Et c'est à juste titre qu'on l'appelle l'abolition de l'individualité et de la liberté !

اويسمى بحق إلغاء الفردية والحرية

Le communisme vise à l'abolition de l'individualité bourgeoise

الشيوعية تهدف إلى إلغاء الفردية البرجوازية

Le communisme veut l'abolition de l'indépendance de la bourgeoisie

الشيوعية تعتزم إلغاء استقلال البرجوازية

La liberté de la bourgeoisie est sans aucun doute ce que vise le communisme

حرية البرجوازية هي بلا شك ما تهدف إليه الشيوعية

dans les conditions actuelles de production de la bourgeoisie, la liberté signifie le libre-échange, la liberté de vendre et d'acheter

في ظل ظروف الإنتاج البرجوازية الحالية ، تعني الحرية التجارة الحرة والبيع والشراء الحر

Mais si la vente et l'achat disparaissent, la vente et l'achat gratuits disparaissent également

اما اذا اختفى البيع والشراء اختفى البيع والشراء الحر ايضا

Les « paroles courageuses » de la bourgeoisie sur la vente et l'achat libres n'ont qu'un sens limité

الكلمات الشجاعة "من قبل البرجوازية حول البيع والشراء الحر لها" معنى محدود فقط

Ces mots n'ont de sens que par opposition à la vente et à l'achat restreints

هذه الكلمات لها معنى فقط على عكس البيع والشراء المقيد.

et ces mots n'ont de sens que lorsqu'ils s'appliquent aux marchands enchaînés du moyen âge

وهذه الكلمات لها معنى فقط عند تطبيقها على التجار المقيدين في العصور الوسطى

et cela suppose que ces mots aient même un sens dans un sens bourgeois

وهذا يفترض أن هذه الكلمات لها معنى بالمعنى البرجوازي

mais ces mots n'ont aucun sens lorsqu'ils sont utilisés pour s'opposer à l'abolition communiste de l'achat et de la vente

لكن هذه الكلمات ليس لها معنى عندما يتم استخدامها لمعارضة الإلغاء
الشيوعي للشراء والبيع

les mots n'ont pas de sens lorsqu'ils sont utilisés pour
s'opposer à l'abolition des conditions de production de la
bourgeoisie

الكلمات ليس لها معنى عندما يتم استخدامها لمعارضة إلغاء شروط
الإنتاج البرجوازية

et ils n'ont aucun sens lorsqu'ils sont utilisés pour s'opposer
à l'abolition de la bourgeoisie elle-même

وليس لها أي معنى عندما يتم استخدامها لمعارضة إلغاء البرجوازية نفسها

Vous êtes horrifiés par notre intention d'en finir avec la
propriété privée

أنت مرعوب من نيتنا التخلص من الممتلكات الخاصة

Mais dans votre société actuelle, la propriété privée est déjà
abolie pour les neuf dixièmes de la population

ولكن في مجتمعك الحالي ، تم بالفعل التخلص من الملكية الخاصة لتسعة
أعشار السكان

L'existence d'une propriété privée pour quelques-uns est
uniquement due à sa non-existence entre les mains des neuf
dixièmes de la population

إن وجود الملكية الخاصة للقلة يرجع فقط إلى عدم وجودها في أيدي تسعة
أعشار السكان

Vous nous reprochez donc d'avoir l'intention de supprimer
une forme de propriété

أنت تلومنا ، لذلك ، بنية التخلص من شكل من أشكال الملكية

Mais la propriété privée nécessite l'inexistence de toute
propriété pour l'immense majorité de la société

لكن الملكية الخاصة تستلزم عدم وجود أي ممتلكات للغالبية العظمى من
المجتمع

En un mot, vous nous reprochez d'avoir l'intention de vous
débarrasser de vos biens

بكلمة واحدة ، أنت تلومنا على نية التخلص من ممتلكاتك

Et c'est précisément le cas ; se débarrasser de votre propriété
est exactement ce que nous avons l'intention de faire

وهذا هو بالضبط كذلك. التخلص من الممتلكات الخاصة بك هو بالضبط
ما نعتزم.

À partir du moment où le travail ne peut plus être converti en capital, en argent ou en rente

من اللحظة التي لم يعد من الممكن فيها تحويل العمل إلى رأس مال أو مال أو إيجار

quand le travail ne peut plus être converti en un pouvoir social monopolisé

عندما لا يعود من الممكن تحويل العمل إلى قوة اجتماعية قادرة على الاحتكار

à partir du moment où la propriété individuelle ne peut plus être transformée en propriété bourgeoise

من اللحظة التي لم يعد من الممكن فيها تحويل الملكية الفردية إلى ملكية برجوازية

à partir du moment où la propriété individuelle ne peut plus être transformée en capital

من اللحظة التي لم يعد من الممكن فيها تحويل الملكية الفردية إلى رأس مال

À partir de ce moment-là, vous dites que l'individualité s'évanouit

من تلك اللحظة ، تقول إن الفردية تختفي

Vous devez donc avouer que par « individu » vous n'entendez personne d'autre que la bourgeoisie

لذلك يجب أن تعترف بأنك لا تعني بكلمة "فرد "أي شخص آخر غير البرجوازية.

Vous devez avouer qu'il s'agit spécifiquement du propriétaire de la classe moyenne

يجب أن تعترف أنه يشير على وجه التحديد إلى مالك العقار من الطبقة الوسطى

Cette personne doit, en effet, être balayée et rendue impossible

يجب بالفعل أن يجرف هذا الشخص بعيدا عن الطريق ، ويصبح مستحيلا

Le communisme ne prive personne du pouvoir de s'approprier les produits de la société

الشيوعية لا تحرم أي إنسان من القدرة على الاستيلاء على منتجات المجتمع

tout ce que fait le communisme, c'est de le priver du pouvoir de subjuguer le travail d'autrui au moyen d'une telle appropriation

كل ما تفعله الشيوعية هو حرمانه من القدرة على إخضاع عمل الآخرين عن طريق هذا الاستيلاء

On a objecté qu'avec l'abolition de la propriété privée, tout travail cesserait

وقد اعترض على أنه عند إلغاء الملكية الخاصة ستتوقف جميع الأعمال

et il est alors suggéré que la paresse universelle nous rattrapera

ثم يقترح أن الكسل العالمي سوف يتفوق علينا

D'après cela, il y a longtemps que la société bourgeoise aurait dû aller aux chiens par pure oisiveté

وفقا لهذا ، كان يجب على المجتمع البرجوازي منذ فترة طويلة أن يذهب إلى من خلال الكسل المطلق

parce que ceux de ses membres qui travaillent, n'acquièrent rien

لأن أولئك الذين يعملون من أعضائها ، لا يكتسبون شيئا

et ceux de ses membres qui acquièrent quoi que ce soit, ne travaillent pas

وأولئك من أعضائها الذين يحصلون على أي شيء ، لا يعملون

L'ensemble de cette objection n'est qu'une autre expression de la tautologie

كل هذا الاعتراض ليس سوى تعبير آخر عن الحشو

Il ne peut plus y avoir de travail salarié quand il n'y a plus de capital

لا يمكن أن يكون هناك أي عمل مأجور عندما لا يكون هناك أي رأس مال

Il n'y a pas de différence entre les produits matériels et les produits mentaux

لا يوجد فرق بين المنتجات المادية والمنتجات العقلية

Le communisme propose que les deux soient produits de la même manière

تقترح الشيوعية أن يتم إنتاج كلاهما بنفس الطريقة

mais les objections contre les modes communistes de production sont les mêmes

لكن الاعتراضات ضد الأنماط الشيوعية لإنتاج هذه هي نفسها

pour la bourgeoisie, la disparition de la propriété de classe est la disparition de la production elle-même

بالنسبة للبرجوازية ، فإن اختفاء الملكية الطبقية هو اختفاء الإنتاج نفسه

Ainsi, la disparition de la culture de classe est pour lui identique à la disparition de toute culture

لذا فإن اختفاء الثقافة الطبقية بالنسبة له مطابق لاختفاء كل ثقافة

Cette culture, dont il déplore la perte, n'est pour l'immense majorité qu'un simple entraînement à agir comme une machine

هذه الثقافة ، التي يأسف لفقدانها ، هي بالنسبة للغالبية العظمى مجرد تدريب للعمل كآلة

Les communistes ont bien l'intention d'abolir la culture de la propriété bourgeoise

يعتزم الشيوعيون بشدة إلغاء ثقافة الملكية البرجوازية

Mais ne vous querellez pas avec nous tant que vous appliquez les normes de vos notions bourgeoises de liberté, de culture, de droit, etc

لكن لا تتجادلوا معنا طالما أنكم تطبقون معيار مفاهيمكم البرجوازية عن الحرية والثقافة والقانون وما إلى ذلك.

Vos idées mêmes ne sont que le résultat des conditions de votre production bourgeoise et de la propriété bourgeoise

إن أفكاركم ذاتها ليست سوى نتاج ظروف إنتاجكم البرجوازي وممتلكاتكم البرجوازية

de même que votre jurisprudence n'est que la volonté de votre classe érigée en loi pour tous

كما أن اجتهادكم ما هو إلا إرادة طبقتكم التي تحولت إلى قانون للجميع

Le caractère essentiel et l'orientation de cette volonté sont déterminés par les conditions économiques créées par votre classe sociale

يتم تحديد الطابع الأساسي واتجاه هذه الإرادة من خلال الظروف الاقتصادية التي تخلقها طبقتك الاجتماعية

L'idée fausse égoïste qui vous pousse à transformer les formes sociales en lois éternelles de la nature et de la raison

المفهوم الخاطئ الأناني الذي يدفعك إلى تحويل الأشكال الاجتماعية إلى قوانين أبدية للطبيعة والعقل

les formes sociales qui découlent de votre mode de
production et de votre forme de propriété actuels

الأشكال الاجتماعية المنبثقة من نمط الإنتاج الحالي وشكل الملكية

des rapports historiques qui naissent et disparaissent dans le
progrès de la production

العلاقات التاريخية التي ترتفع وتختفي في تقدم الإنتاج

cette idée fausse que vous partagez avec toutes les classes
dirigeantes qui vous ont précédés

هذا المفهوم الخاطئ الذي تشاركه مع كل طبقة حاكمة سبقتك

Ce que vous voyez clairement dans le cas de la propriété
ancienne, ce que vous admettez dans le cas de la propriété
féodale

ما تراه بوضوح في حالة الملكية القديمة ، ما تعترف به في حالة الملكية
الإقطاعية

ces choses, il vous est bien entendu interdit de les admettre
dans le cas de votre propre forme de propriété bourgeoise

هذه الأشياء ممنوع عليك بالطبع الاعتراف بها في حالة شكل الملكية
البرجوازية الخاص بك

Abolition de la famille ! Même les plus radicaux
s'enflamment devant cette infâme proposition des
communistes

إلغاء الأسرة إحتى أكثر الراديكالية اشتعال في هذا الاقتراح سيئ السمعة
للشيوعيين

Sur quelle base se fonde la famille actuelle, la famille
bourgeoise ?

على أي أساس تقوم الأسرة الحالية ، عائلة البرجوازية؟

La fondation de la famille actuelle est basée sur le capital et
le gain privé

يعتمد أساس الأسرة الحالية على رأس المال والمكاسب الخاصة

Sous sa forme complètement développée, cette famille
n'existe que dans la bourgeoisie

في شكلها المتطور تماما ، هذه العائلة موجودة فقط بين البرجوازية

Cet état de choses trouve son complément dans l'absence
pratique de la famille chez les prolétaires

هذه الحالة من الأشياء تجد تكملتها في الغياب العملي للعائلة بين
البروليتاريين.

Cet état de choses se retrouve dans la prostitution publique

يمكن العثور على هذه الحالة من الأشياء في الدعارة العامة

La famille bourgeoise disparaîtra d'office quand son effectif disparaîtra

ستختفي العائلة البرجوازية بطبيعة الحال عندما يختفي مكملتها

et l'une et l'autre s'évanouiront avec la disparition du capital

وكلاهما سوف يختفي مع تلاشي رأس المال

Nous accusez-vous de vouloir mettre fin à l'exploitation des enfants par leurs parents ?

هل تتهموننا بالرغبة في وقف استغلال الأطفال من قبل والديهم؟

Nous plaidons coupables de ce crime

نعترف بالذنب في هذه الجريمة

Mais, direz-vous, on détruit les relations les plus sacrées, quand on remplace l'éducation à domicile par l'éducation sociale

ولكن، كما ستقولون، نحن ندمر أقدس العلاقات، عندما نستبدل التعليم المنزلي بالتعليم الاجتماعي.

Votre éducation n'est-elle pas aussi sociale ? Et n'est-elle pas déterminée par les conditions sociales dans lesquelles vous éduquez ?

أليس تعليمك اجتماعيا أيضاً؟ وألا تحدده الظروف الاجتماعية التي تتعلمون في ظلها؟

par l'intervention, directe ou indirecte, de la société, par le biais de l'école, etc.

من خلال التدخل المباشر أو غير المباشر للمجتمع ، عن طريق المدارس ، إلخ.

Les communistes n'ont pas inventé l'intervention de la société dans l'éducation

الشيوعيون لم يخترعوا تدخل المجتمع في التعليم

ils ne cherchent qu'à modifier le caractère de cette intervention

إنهم يفعلون ذلك لكنهم يسعون إلى تغيير طابع هذا التدخل

et ils cherchent à sauver l'éducation de l'influence de la classe dirigeante

ويسعون إلى إنقاذ التعليم من تأثير الطبقة الحاكمة

La bourgeoisie parle de la relation sacrée du parent et de
l'enfant

تتحدث البرجوازية عن العلاقة المشتركة المقدسة بين الوالدين والطفل

mais ce baratin sur la famille et l'éducation devient d'autant
plus répugnant quand on regarde l'industrie moderne

لكن فخ التصفيق هذا حول الأسرة والتعليم يصبح أكثر إثارة للاشمئزاز
عندما ننظر إلى الصناعة الحديثة

Tous les liens familiaux entre les prolétaires sont déchirés
par l'industrie moderne

تمزق جميع الروابط الأسرية بين البروليتاريين بسبب الصناعة الحديثة

Leurs enfants sont transformés en simples objets de
commerce et en instruments de travail

يتم تحويل أطفالهم إلى مواد تجارية بسيطة وأدوات عمل

Mais vous, communistes, vous créeriez une communauté de
femmes, crie en chœur toute la bourgeoisie

لكنكم أيها الشيوعيون ستخلقون مجتمعا من النساء ، تصرخ البرجوازية
بأكملها في جوقة

La bourgeoisie ne voit en sa femme qu'un instrument de
production

يرى البرجوازي في زوجته مجرد أداة للإنتاج

Il entend dire que les instruments de production doivent
être exploités par tous

يسمع أن أدوات الإنتاج يجب أن يستغلها الجميع

et, naturellement, il ne peut arriver à aucune autre
conclusion que celle d'être commun à tous retombera
également sur les femmes

وبطبيعة الحال ، لا يمكنه التوصل إلى أي استنتاج آخر سوى أن الكثير
من القواسم المشتركة بين الجميع ستقع بالمثل على النساء.

Il ne soupçonne même pas qu'il s'agit en fait d'en finir avec
le statut de la femme en tant que simple instrument de
production

ليس لديه حتى شك في أن الهدف الحقيقي هو التخلص من وضع المرأة
كمجرد أدوات للإنتاج.

Du reste, rien n'est plus ridicule que l'indignation vertueuse
de notre bourgeoisie contre la communauté des femmes

بالنسبة للبقية، ليس هناك ما هو أكثر سخافة من السخط الفاضل لبرجوازيتنا على مجتمع النساء.

ils prétendent qu'elle doit être établie ouvertement et officiellement par les communistes

يتظاهرون بأنه سيتم تأسيسها بشكل علني ورسمي من قبل الشيوعيين

Les communistes n'ont pas besoin d'introduire la communauté des femmes, elle existe depuis des temps immémoriaux

الشيوعيون ليسوا بحاجة إلى إدخال مجتمع من النساء ، فقد كان موجودا منذ زمن سحيق تقريبا

Notre bourgeoisie ne se contente pas d'avoir à sa disposition les femmes et les filles de ses prolétaires

إن برجوازيتنا لا تكتفي بوجود زوجات وبنات البروليتاريين تحت تصرفها.

Ils prennent le plus grand plaisir à séduire les femmes de l'autre

يأخذون أكبر متعة في إغواء زوجات بعضهم البعض

Et cela ne parle même pas des prostituées ordinaires

وهذا لا يعني حتى الحديث عن البغايا العاديات

Le mariage bourgeois est en réalité un système d'épouses en commun

الزواج البرجوازي هو في الواقع نظام زوجات مشترك

puis il y a une chose qu'on pourrait peut-être reprocher aux communistes

ثم هناك شيء واحد يمكن أن يلوم الشيوعيين عليه

Ils souhaitent introduire une communauté de femmes ouvertement légalisée

إنهم يرغبون في تقديم مجتمع نسائي قانوني بشكل علني

plutôt qu'une communauté de femmes hypocritement dissimulée

بدلا من مجتمع نسائي مخفي بشكل منافق

la communauté des femmes issues du système de production

مجتمع المرأة المنبثق من نظام الإنتاج

Abolissez le système de production, et vous abolissez la communauté des femmes

ألغوا نظام الإنتاج، وأنتم تلغون مجتمع النساء

La prostitution publique est abolie et la prostitution privée

إلغاء كل من الدعارة العامة والدعارة الخاصة

On reproche en outre aux communistes de vouloir abolir les pays et les nationalités

الشيوعيون أكثر لوما برغبتهم في إلغاء البلدان والقومية.

Les travailleurs n'ont pas de patrie, nous ne pouvons donc pas leur prendre ce qu'ils n'ont pas

العمال ليس لديهم وطن، لذلك لا يمكننا أن نأخذ منهم ما لم يحصلوا عليه

Le prolétariat doit d'abord acquérir la suprématie politique

يجب على البروليتاريا أولا وقبل كل شيء الحصول على السيادة السياسية

Le prolétariat doit s'élever pour être la classe dirigeante de la nation

يجب أن تنهض البروليتاريا لتكون الطبقة الرائدة في الأمة

Le prolétariat doit se constituer en nation

يجب أن تشكل البروليتاريا نفسها الأمة

elle est, jusqu'à présent, elle-même nationale, mais pas dans le sens bourgeois du mot

إنها ، حتى الآن ، وطنية ، وإن لم يكن بالمعنى البرجوازي للكلمة

Les différences nationales et les antagonismes entre les peuples s'estompent chaque jour davantage

الخلافات والعداوات الوطنية بين الشعوب تتلاشى يوميا أكثر فأكثر

grâce au développement de la bourgeoisie, à la liberté du commerce, au marché mondial

بسبب تطور البرجوازية ، وحرية التجارة ، والسوق العالمية

à l'uniformité du mode de production et des conditions de vie qui y correspondent

إلى التوحيد في نمط الإنتاج وفي ظروف الحياة المقابلة له

La suprématie du prolétariat les fera disparaître encore plus vite

سيادة البروليتاريا ستؤدي إلى اختفائها بشكل أسرع

L'action unie, du moins dans les principaux pays civilisés, est une des premières conditions de l'émancipation du prolétariat

إن العمل الموحد، للبلدان المتحضرة الرائدة على الأقل، هو أحد الشروط الأولى لتحرير البروليتاريا.

Dans la mesure où l'exploitation d'un individu par un autre prendra fin, l'exploitation d'une nation par une autre prendra également fin à

بالتناسب مع وضع حد لاستغلال فرد من قبل شخص آخر ، فإن استغلال أمة من قبل دولة أخرى سيتم أيضا وضع حد له

À mesure que l'antagonisme entre les classes à l'intérieur de la nation disparaîtra, l'hostilité d'une nation envers une autre prendra fin

بالتناسب مع تلاشي العداء بين الطبقات داخل الأمة ، سينتهي عداء أمة لأخرى

Les accusations portées contre le communisme d'un point de vue religieux, philosophique et, en général, idéologique, ne méritent pas d'être examinées sérieusement

إن التهم الموجهة ضد الشيوعية من وجهة نظر دينية وفلسفية ، وبشكل عام من وجهة نظر أيديولوجية ، لا تستحق فحصا جادا

Faut-il une intuition profonde pour comprendre que les idées, les vues et les conceptions de l'homme changent à chaque changement dans les conditions de son existence matérielle ?

هل يتطلب الأمر حدسا عميقا لفهم أن أفكار الإنسان وآرائه وتصوراته تتغير مع كل تغيير في ظروف وجوده المادي؟

N'est-il pas évident que la conscience de l'homme change lorsque ses relations sociales et sa vie sociale changent ?

أليس من الواضح أن وعي الإنسان يتغير عندما تتغير علاقاته الاجتماعية وحياته الاجتماعية؟

Qu'est-ce que l'histoire des idées prouve d'autre, sinon que la production intellectuelle change de caractère à mesure que la production matérielle se modifie ?

ماذا يثبت تاريخ الأفكار ، غير أن الإنتاج الفكري يغير طابعه بالتناسب مع تغير الإنتاج المادي؟

Les idées dominantes de chaque époque ont toujours été les idées de sa classe dirigeante

الأفكار الحاكمة في كل عصر كانت أفكار الطبقة الحاكمة

Quand on parle d'idées qui révolutionnent la société, on n'exprime qu'un seul fait

عندما يتحدث الناس عن الأفكار التي تحدث ثورة في المجتمع ، فإنهم يفعلون ذلك ولكنهم يعبرون عن حقيقة واحدة

Au sein de l'ancienne société, les éléments d'une nouvelle société ont été créés

داخل المجتمع القديم ، تم إنشاء عناصر مجتمع جديد

et que la dissolution des vieilles idées va de pair avec la dissolution des anciennes conditions d'existence

وأن انحلال الأفكار القديمة يواكب انحلال الظروف القديمة للوجود

Lorsque le monde antique était dans ses dernières affresses, les anciennes religions ont été vaincues par le christianisme

عندما كان العالم القديم في مخاضه الأخير ، تغلبت المسيحية على الأديان القديمة

Lorsque les idées chrétiennes ont succombé au XVIIIe siècle aux idées rationalistes, la société féodale a mené une bataille à mort contre la bourgeoisie alors révolutionnaire

عندما استسلمت الأفكار المسيحية في القرن 18 للأفكار العقلانية ، خاض المجتمع الإقطاعي معركة الموت مع البرجوازية الثورية آنذاك

Les idées de liberté religieuse et de liberté de conscience n'ont fait qu'exprimer l'emprise de la libre concurrence dans le domaine de la connaissance

إن أفكار الحرية الدينية وحرية الضمير لم تعبر إلا عن تأثير المنافسة الحرة في مجال المعرفة.

« Sans doute, dira-t-on, les idées religieuses, morales, philosophiques et juridiques ont été modifiées au cours du développement historique »

"مما لا شك فيه أن الأفكار الدينية والأخلاقية والفلسفية والقانونية قد تم تعديلها في سياق التطور التاريخي"

Mais la religion, la morale, la philosophie, la science politique et le droit ont constamment survécu à ce changement.

"لكن الدين وفلسفة الأخلاق والعلوم السياسية والقانون نجت باستمرار من هذا التغيير"

« Il y a aussi des vérités éternelles, telles que la Liberté, la Justice, etc. »

"هناك أيضا حقائق أبدية ، مثل الحرية والعدالة وما إلى ذلك"

« Ces vérités éternelles sont communes à tous les états de la société »

"هذه الحقائق الأبدية مشتركة بين جميع حالات المجتمع"

« Mais le communisme abolit les vérités éternelles, il abolit toute religion et toute morale »

"لكن الشيوعية تلغي الحقائق الأبدية ، وتلغي كل الدين ، وكل الأخلاق"

« il fait cela au lieu de les constituer sur une nouvelle base »

"إنها تفعل ذلك بدلا من تشكيلها على أساس جديد"

« Elle agit donc en contradiction avec toute l'expérience historique passée »

"لذلك فهو يتناقض مع كل التجارب التاريخية الماضية"

À quoi se réduit cette accusation ?

إلى ماذا يختزل هذا الاتهام؟

L'histoire de toute la société passée a consisté dans le développement d'antagonismes de classe

.تألف تاريخ كل المجتمع الماضي في تطور العداوات الطبقية

antagonismes qui ont pris des formes différentes selon les époques

التناقضات التي اتخذت أشكالا مختلفة في عصور مختلفة

Mais quelle que soit la forme qu'ils aient prise, un fait est commun à tous les âges passés

ولكن مهما كان الشكل الذي اتخذوه ، هناك حقيقة واحدة مشتركة بين جميع العصور الماضية

l'exploitation d'une partie de la société par l'autre

استغلال جزء من المجتمع من قبل الآخر

Il n'est donc pas étonnant que la conscience sociale des âges passés se meuve à l'intérieur de certaines formes communes ou d'idées générales

لا عجب إذن أن يتحرك الوعي الاجتماعي في العصور الماضية ضمن أشكال مشتركة معينة ، أو أفكار عامة.

(et ce, malgré toute la multiplicité et la variété qu'il affiche)

(وهذا على الرغم من كل التعدد والتنوع الذي يعرضه)

et ceux-ci ne peuvent disparaître complètement qu'avec la disparition totale des antagonismes de classe

.ولا يمكن أن تختفي هذه تماما إلا مع الاختفاء التام للعداوات الطبقية

La révolution communiste est la rupture la plus radicale avec
les rapports de propriété traditionnels

الثورة الشيوعية هي القطيعة الأكثر جذرية مع علاقات الملكية التقليدية

Il n'est donc pas étonnant que son développement implique
la rupture la plus radicale avec les idées traditionnelles

لا عجب أن تطورها ينطوي على تمزق جذري مع الأفكار التقليدية.

Mais finissons-en avec les objections de la bourgeoisie
contre le communisme

لكن دعونا نفعل مع اعتراضات البرجوازية على الشيوعية

Nous avons vu plus haut le premier pas de la révolution de
la classe ouvrière

لقد رأينا أعلاه الخطوة الأولى في الثورة من قبل الطبقة العاملة

Le prolétariat doit être élevé à la position de dirigeant, pour
gagner la bataille de la démocratie

يجب رفع البروليتاريا إلى موقع الحكم، لكسب معركة الديمقراطية.

Le prolétariat usera de sa suprématie politique pour arracher
peu à peu tout le capital à la bourgeoisie

ستستخدم البروليتاريا تفوقها السياسي لانتزاع كل رأس المال من
البرجوازية بدرجات.

elle centralisera tous les instruments de production entre les
mains de l'État

ستركز جميع أدوات الإنتاج في أيدي الدولة

En d'autres termes, le prolétariat s'est organisé en classe
dominante

وبعبارة أخرى، نظمت البروليتاريا كطبقة حاكمة

et elle augmentera le plus rapidement possible le total des
forces productives

وسيزيد من مجموع القوى المنتجة في أسرع وقت ممكن

Bien sûr, au début, cela ne peut se faire qu'au moyen
d'incursions despotiques dans les droits de propriété

بالطبع ، في البداية ، لا يمكن تحقيق ذلك إلا عن طريق الاختراقات
الاستبدادية لحقوق الملكية

et elle doit être réalisée dans les conditions de la production
bourgeoise

ويجب أن يتحقق ذلك وفقا لظروف الإنتاج البرجوازي

Elle est donc réalisée au moyen de mesures qui semblent économiquement insuffisantes et intenables

يتم تحقيقه عن طريق التدابير ، وبالتالي ، والتي تبدو غير كافية اقتصاديا ولا يمكن الدفاع عنها.

mais ces moyens, dans le cours du mouvement, se dépassent d'eux-mêmes

لكن هذه الوسائل ، في سياق الحركة ، تفوق نفسها

elles nécessitent de nouvelles incursions dans l'ancien ordre social

إنها تتطلب المزيد من الاختراقات على النظام الاجتماعي القديم

et ils sont inévitables comme moyen de révolutionner entièrement le mode de production

وهي لا مفر منها كوسيلة لإحداث ثورة كاملة في نمط الإنتاج

Ces mesures seront bien sûr différentes selon les pays

ستكون هذه التدابير بالطبع مختلفة في مختلف البلدان

Néanmoins, dans les pays les plus avancés, ce qui suit sera assez généralement applicable

ومع ذلك ، في البلدان الأكثر تقدما ، سيكون ما يلي قابلا للتطبيق بشكل عام

1. L'abolition de la propriété foncière et l'affectation de toutes les rentes foncières à des fins publiques.

1. إلغاء الملكية في الأراضي وتطبيق جميع إيجارات الأراضي للأغراض العامة.

2. Un impôt sur le revenu progressif ou progressif lourd.

2. ضريبة دخل تصاعدية أو متدرجة ثقيلة.

3. Abolition de tout droit d'héritage.

3. إلغاء جميع حقوق الميراث.

4. Confiscation des biens de tous les émigrés et rebelles.

4. مصادرة ممتلكات جميع المهاجرين والمتمردين.

5. Centralisation du crédit entre les mains de l'État, au moyen d'une banque nationale à capital d'État et monopole exclusif.

5. مركزية الائتمان في يد الدولة، عن طريق بنك وطني برأس مال الدولة واحتكار حصري.

6. Centralisation des moyens de communication et de transport entre les mains de l'État.

6- مركزية وسائل الاتصال والنقل في يد الدولة.

7. Extension des usines et des instruments de production appartenant à l'État

7- توسعة المصانع وأدوات الإنتاج المملوكة للدولة

la mise en culture des terres incultes, et l'amélioration du sol en général d'après un plan commun.

جلب الأراضي البور إلى الزراعة ، وتحسين التربة بشكل عام وفقا لخطة مشتركة.

8. Responsabilité égale de tous vis-à-vis du travail

8. المسؤولية المتساوية للجميع عن العمل.

Mise en place d'armées industrielles, notamment pour l'agriculture.

إنشاء الجيوش الصناعية ، وخاصة للزراعة.

9. Combinaison de l'agriculture et des industries manufacturières

9. مزيج من الزراعة مع الصناعات التحويلية

l'abolition progressive de la distinction entre la ville et la campagne, par une répartition plus égale de la population sur le territoire.

الإلغاء التدريجي للتمييز بين المدينة والريف ، من خلال توزيع أكثر مساواة للسكان في جميع أنحاء البلاد.

10. Gratuité de l'éducation pour tous les enfants dans les écoles publiques.

10. التعليم المجاني لجميع الأطفال في المدارس العامة.

Abolition du travail des enfants dans les usines sous sa forme actuelle

إلغاء عمل الأطفال في المصانع بشكله الحالي

Combinaison de l'éducation et de la production industrielle

مزيج من التعليم مع الإنتاج الصناعي

Quand, au cours du développement, les distinctions de classe ont disparu

عندما تختفي الفروق الطبقية في سياق التطور

et quand toute la production aura été concentrée entre les mains d'une vaste association de toute la nation

وعندما يتركز كل الإنتاج في أيدي جمعية واسعة من الأمة كلها

alors la puissance publique perdra son caractère politique

- 60 -

عندها ستفقد السلطة العامة طابعها السياسي

Le pouvoir politique, proprement dit, n'est que le pouvoir organisé d'une classe pour en opprimer une autre

السلطة السياسية ، التي تسمى بشكل صحيح ، هي مجرد قوة منظمة لطبقة واحدة لقمع طبقة أخرى

Si le prolétariat, dans sa lutte contre la bourgeoisie, est contraint, par la force des choses, de s'organiser en classe

، إذا اضطرت البروليتاريا خلال صراعها مع البرجوازية ، بقوة الظروف إلى تنظيم نفسها كطبقة

si, par une révolution, elle se fait la classe dominante

إذا، عن طريق الثورة، جعلت نفسها الطبقة الحاكمة

et, en tant que telle, elle balaie par la force les anciennes conditions de production

وعلى هذا النحو ، فإنه يجرف بالقوة ظروف الإنتاج القديمة

alors, avec ces conditions, elle aura balayé les conditions d'existence des antagonismes de classes et des classes en général

عندها ، إلى جانب هذه الظروف ، قد جرفت شروط وجود التناقضات الطبقية والطبقات بشكل عام.

et aura ainsi aboli sa propre suprématie en tant que classe.

وبذلك تكون قد ألغت تفوقها كطبقة.

A la place de l'ancienne société bourgeoise, avec ses classes et ses antagonismes de classes, nous aurons une association

بدلا من المجتمع البرجوازي القديم، بطبقاته وتناقضاته الطبقية، سيكون لدينا رابطة.

une association dans laquelle le libre développement de chacun est la condition du libre développement de tous

جمعية يكون فيها التطور الحر لكل فرد شرطا للتطور الحر للجميع

1) Le socialisme réactionnaire

الاشتراكية الرجعية (1

a) Le socialisme féodal

أ (الاشتراكية الإقطاعية

les aristocraties de France et d'Angleterre avaient une position historique unique

كان للأرستقراطيات في فرنسا وإنجلترا موقع تاريخي فريد

c'est devenu leur vocation d'écrire des pamphlets contre la société bourgeoise moderne

أصبحت مهنتهم كتابة كتيبات ضد المجتمع البرجوازي الحديث

Dans la révolution française de juillet 1830 et dans l'agitation réformiste anglaise

في الثورة الفرنسية في يوليو 1830 ، وفي التحريض على الإصلاح الإنجليزي

Ces aristocraties succombèrent de nouveau à l'odieux parvenu

استسلمت هذه الأرستقراطيات مرة أخرى للمغرور البغيض

Dès lors, il n'était plus question d'une lutte politique sérieuse

من الآن فصاعدا ، كان التنافس السياسي الجاد غير وارد تماما.

Tout ce qui restait possible, c'était une bataille littéraire, pas une véritable bataille

كل ما تبقى ممكنا هو معركة أدبية وليست معركة فعلية

Mais même dans le domaine de la littérature, les vieux cris de la période de la restauration étaient devenus impossibles

ولكن حتى في مجال الأدب ، أصبحت الصرخات القديمة لفترة الاستعادة مستحيلة.

Pour s'attirer la sympathie, l'aristocratie était obligée de perdre de vue, semble-t-il, ses propres intérêts

من أجل إثارة التعاطف ، اضطرت الطبقة الأرستقراطية إلى إغفال مصالحها الخاصة ، على ما يبدو ،

et ils ont été obligés de formuler leur réquisitoire contre la bourgeoisie dans l'intérêt de la classe ouvrière exploitée

واضطروا إلى صياغة لائحة اتهامهم ضد البرجوازية لصالح الطبقة العاملة المستغلة

C'est ainsi que l'aristocratie prit sa revanche en chantant des pamphlets sur son nouveau maître

و هكذا انتقمت الأرستقراطية من خلال غناء السخرية على سيدهم الجديد

et ils prirent leur revanche en lui murmurant à l'oreille de sinistres prophéties de catastrophe à venir

وأخذوا ثأرهم بهمس في أذنيه نبوءات شريرة عن كارثة قادمة

C'est ainsi qu'est né le socialisme féodal : moitié lamentation, moitié moquerie

بهذه الطريقة نشأت الاشتراكية الإقطاعية :نصف رثاء ، نصف سخرية

Il sonnait comme un demi-écho du passé, et projetait une demi-menace de l'avenir

لقد رن كنصف صدى للماضي، وتوقع نصف تهديد للمستقبل

parfois, par sa critique acerbe, spirituelle et incisive, il frappait la bourgeoisie au plus profond de lui-même

في بعض الأحيان ، من خلال نقدها المرير والبارع والقاطع ، ضربت البرجوازية في صميم القلب

mais elle a toujours été ridicule dans son effet, par l'incapacité totale de comprendre la marche de l'histoire moderne

لكنه كان دائما سخيفا في تأثيره ، من خلال العجز التام عن فهم مسيرة التاريخ الحديث.

L'aristocratie, pour rallier le peuple à elle, agitait le sac d'aumône prolétarien en guise de bannière

الأرستقراطية ، من أجل حشد الناس لهم ، لوحوا بحقيبة الصدقات البروليتارية أمام لافتة

Mais le peuple, toutes les fois qu'il se joignait à lui, voyait sur son arrière-train les anciennes armoiries féodales

لكن الناس ، في كثير من الأحيان عندما انضموا إليهم ، رأوا على مؤخرتهم شعارات النبالة الإقطاعية القديمة.

et ils désertèrent avec des rires bruyants et irrévérencieux

وهجروا بضحك عال وغير موقر

Une partie des légitimistes français et de la « Jeune Angleterre » offrit ce spectacle

عرض قسم واحد من الشرعيين الفرنسيين و "إنجلترا الشابة "هذا المشهد

les féodaux ont fait remarquer que leur mode d'exploitation était différent de celui de la bourgeoisie

أشار الإقطاعيون إلى أن طريقة استغلالهم كانت مختلفة عن طريقة البرجوازية

Les féodaux oublient qu'ils ont exploité dans des circonstances et des conditions tout à fait différentes

ينسى الإقطاعيون أنهم استغلوا في ظل ظروف وظروف مختلفة تماما

Et ils n'ont pas remarqué que de telles méthodes d'exploitation sont maintenant désuètes

ولم يلاحظوا أن أساليب الاستغلال هذه أصبحت الآن قديمة.

Ils ont montré que, sous leur domination, le prolétariat moderne n'a jamais existé

لقد أظهروا أنه في ظل حكمهم ، لم تكن البروليتاريا الحديثة موجودة أبدا.

mais ils oublient que la bourgeoisie moderne est le produit nécessaire de leur propre forme de société

لكنهم ينسون أن البرجوازية الحديثة هي النسل الضروري لشكلهم الخاص من المجتمع.

Pour le reste, ils dissimulent à peine le caractère réactionnaire de leur critique

أما بالنسبة للبقية، فإنهم بالكاد يخفون الطابع الرجعي لانتقاداتهم.

Leur principale accusation contre la bourgeoisie se résume à ceci

إن اتهامهم الرئيسي ضد البرجوازية يرقى إلى ما يلي:

sous le régime bourgeois, une classe sociale se développe

في ظل النظام البرجوازي يتم تطوير طبقة اجتماعية

Cette classe sociale est destinée à découper de fond en comble l'ancien ordre de la société

هذه الطبقة الاجتماعية مقدر لها أن تقطع جذورها وتتفرع من النظام القديم للمجتمع

Ce qu'ils reprochent à la bourgeoisie, ce n'est pas tant qu'elle crée un prolétariat

ما يزعجون به البرجوازية ليس بقدر ما يخلق البروليتاريا.

ce qu'ils reprochent à la bourgeoisie, c'est plutôt de créer un prolétariat révolutionnaire

ما يرفعون به البرجوازية هو أكثر من ذلك أنه يخلق بروليتاريا ثورية

Dans la pratique politique, ils se joignent donc à toutes les mesures coercitives contre la classe ouvrière

في الممارسة السياسية ، لذلك ، ينضمون إلى جميع التدابير القسرية ضد الطبقة العاملة

Et dans la vie ordinaire, malgré leurs phrases hautaines, ils s'abaissent à ramasser les pommes d'or tombées de l'arbre de l'industrie

وفي الحياة العادية ، على الرغم من عباراتهم العالية ، فإنهم ينحدرون لالتقاط التفاح الذهبي الذي تم إسقاطه من شجرة الصناعة

et ils troquent la vérité, l'amour et l'honneur contre le commerce de la laine, du sucre de betterave et de l'eau-de-vie de pommes de terre

وهم يقايضون الحقيقة والحب والشرف بالتجارة في الصوف وسكر الشمندر وأرواح البطاطس

De même que le pasteur a toujours marché main dans la main avec le propriétaire foncier, il en a été de même du socialisme clérical et du socialisme féodal

كما سار القسيس جنبا إلى جنب مع المالك ، كذلك فعلت الاشتراكية الإكليريكية مع الاشتراكية الإقطاعية

Rien n'est plus facile que de donner à l'ascétisme chrétien une teinte socialiste

ليس هناك ما هو أسهل من إعطاء الزهد المسيحي مسحة اشتراكية

Le christianisme n'a-t-il pas déclamé contre la propriété privée, contre le mariage, contre l'État ?

ألم تعلن المسيحية ضد الملكية الخاصة ، ضد الزواج ، ضد الدولة؟

Le christianisme n'a-t-il pas prêché à la place de la charité et de la pauvreté ?

ألم تبشر المسيحية بدلا من هذه الصدقة والفقر؟

Le christianisme ne prêche-t-il pas le célibat et la mortification de la chair, de la vie monastique et de l'Église mère ?

ألا تبشر المسيحية بالعزوبة وإماتة الجسد والحياة الرهبانية والكنيسة الأم؟

Le socialisme chrétien n'est que l'eau bénite avec laquelle le prêtre consacre les brûlures du cœur de l'aristocrate

الاشتراكية المسيحية ليست سوى الماء المقدس الذي يكرس به الكاهن حرق قلب الأرستقراطي

b) Le socialisme petit-bourgeois

ب (الاشتراكية البرجوازية الصغيرة)

L'aristocratie féodale n'est pas la seule classe ruinée par la bourgeoisie

لم تكن الأرستقراطية الإقطاعية هي الطبقة الوحيدة التي دمرتها البرجوازية

ce n'était pas la seule classe dont les conditions d'existence languissaient et périssaient dans l'atmosphère de la société bourgeoise moderne

لم تكن الطبقة الوحيدة التي كانت ظروف وجودها معلقة وهلكت في جو المجتمع البرجوازي الحديث.

Les bourgeois médiévaux et les petits propriétaires paysans ont été les précurseurs de la bourgeoisie moderne

كان البرجيس في العصور الوسطى وصغار الفلاحين المالكين هم سلائف البرجوازية الحديثة

Dans les pays peu développés, tant au point de vue industriel que commercial, ces deux classes végètent encore côte à côte

في تلك البلدان التي ليست سوى القليل من النمو ، صناعيا وتجاريا ، لا تزال هاتان الفئتان تزرعان جنبا إلى جنب

et pendant ce temps, la bourgeoisie se lève à côté d'eux : industriellement, commercialement et politiquement

وفي هذه الأثناء تنهض البرجوازية بجانبهم: صناعيا وتجاريا وسياسيا.

Dans les pays où la civilisation moderne s'est pleinement développée, une nouvelle classe de petite bourgeoisie s'est formée

في البلدان التي أصبحت فيها الحضارة الحديثة متطورة بالكامل ، تم تشكيل طبقة جديدة من البرجوازية الصغيرة

cette nouvelle classe sociale oscille entre le prolétariat et la bourgeoisie

هذه الطبقة الاجتماعية الجديدة تتقلب بين البروليتاريا والبرجوازية

et elle se renouvelle sans cesse en tant que partie supplémentaire de la société bourgeoise

وهي تجدد نفسها باستمرار كجزء مكمل للمجتمع البرجوازي

Cependant, les membres individuels de cette classe sont constamment précipités dans le prolétariat

ومع ذلك ، يتم إلقاء أعضاء هذه الطبقة باستمرار في البروليتاريا

ils sont aspirés par le prolétariat par l'action de la concurrence

يتم امتصاصهم من قبل البروليتاريا من خلال عمل المنافسة

Au fur et à mesure que l'industrie moderne se développe, ils voient même approcher le moment où ils disparaîtront complètement en tant que section indépendante de la société moderne

مع تطور الصناعة الحديثة ، يرون حتى اللحظة التي ستختفي فيها تماما كقسم مستقل من المجتمع الحديث.

ils seront remplacés, dans les manufactures, l'agriculture et le commerce, par des surveillants, des huissiers et des boutiquiers

سيتم استبدالهم ، في المصنوعات والزراعة والتجارة ، من قبل المتفرجين والمحضرين والمتاجرين

Dans des pays comme la France, où les paysans représentent bien plus de la moitié de la population

في بلدان مثل فرنسا ، حيث يشكل الفلاحون أكثر بكثير من نصف السكان

il était naturel qu'il y ait des écrivains qui se rangent du côté du prolétariat contre la bourgeoisie

كان من الطبيعي أن يكون هناك كتاب وقفوا إلى جانب البروليتاريا ضد البرجوازية

dans leur critique du régime bourgeois, ils utilisaient l'étendard de la bourgeoisie paysanne et de la petite bourgeoisie

في نقدهم للنظام البرجوازي استخدموا معيار الفلاحين والبرجوازية الصغيرة

et, du point de vue de ces classes intermédiaires, ils prennent le relais de la classe ouvrière

ومن وجهة نظر هذه الطبقات الوسيطة ، فإنهم يأخذون الهراوات للطبقة العاملة

C'est ainsi qu'est né le socialisme petit-bourgeois, dont Sismondi était le chef de cette école, non seulement en France, mais aussi en Angleterre

و هكذا نشأت الاشتراكية البرجوازية الصغيرة ، التي كان سيسموندي
رئيسا لهذه المدرسة ، ليس فقط في فرنسا ولكن أيضا في إنجلترا.

Cette école du socialisme a disséqué avec une grande acuité
les contradictions des conditions de la production moderne

لقد شرحت هذه المدرسة الاشتراكية بحدة شديدة التناقضات في ظروف
الإنتاج الحديث.

Cette école a mis à nu les excuses hypocrites des économistes

كشفت هذه المدرسة عن الاعتذارات المنافقة للاقتصاديين

Cette école prouva sans conteste les effets désastreux du
machinisme et de la division du travail

أثبتت هذه المدرسة ، بشكل لا جدال فيه ، الآثار الكارثية للآلات وتقسيم
العمل

elle prouvait la concentration du capital et de la terre entre
quelques mains

أثبتت تركيز رأس المال والأرض في أيدي عدد قليل

elle a prouvé comment la surproduction conduit à des crises
bourgeoises

لقد أثبت كيف يؤدي الإفراط في الإنتاج إلى أزمات البرجوازية

il soulignait la ruine inévitable de la petite bourgeoisie et
des paysans

وأشار إلى الخراب الحتمي للبرجوازية الصغيرة والفلاحين

la misère du prolétariat, l'anarchie de la production, les
inégalités criantes dans la répartition des richesses

بؤس البروليتاريا ، والفوضى في الإنتاج ، والتفاوتات المزعجة في
توزيع الثروة

Il a montré comment le système de production mène la
guerre industrielle d'extermination entre les nations

أظهر كيف يقود نظام الإنتاج حرب الإبادة الصناعية بين الأمم

la dissolution des vieux liens moraux, des vieilles relations
familiales, des vieilles nationalités

انحلال الروابط الأخلاقية القديمة ، والعلاقات الأسرية القديمة
والقوميات القديمة ،

Dans ses objectifs positifs, cependant, cette forme de
socialisme aspire à réaliser l'une des deux choses suivantes

ومع ذلك ، في أهدافه الإيجابية ، يطمح هذا الشكل من الاشتراكية إلى
تحقيق أحد أمرين

soit elle vise à restaurer les anciens moyens de production et d'échange

.إما أن يهدف إلى استعادة وسائل الإنتاج والتبادل القديمة

et avec les anciens moyens de production, elle rétablirait les anciens rapports de propriété et l'ancienne société

ومع وسائل الإنتاج القديمة ، ستعيد علاقات الملكية القديمة والمجتمع القديم

ou bien elle vise à enfermer les moyens modernes de production et d'échange dans l'ancien cadre des rapports de propriété

أو يهدف إلى تضييق وسائل الإنتاج الحديثة والتبادل في الإطار القديم لعلاقات الملكية

Dans un cas comme dans l'autre, elle est à la fois réactionnaire et utopique

في كلتا الحالتين ، فهي رجعية وطوباوية على حد سواء

Ses derniers mots sont : guildes corporatives pour la fabrication, relations patriarcales dans l'agriculture

كلماتها الأخيرة هي :نقابات الشركات للتصنيع ، والعلاقات الأبوية في الزراعة

En fin de compte, lorsque les faits historiques obstinés ont dispersé tous les effets enivrants de l'auto-tromperie

في نهاية المطاف ، عندما بددت الحقائق التاريخية العنيدة كل الآثار المسكرة لخداع الذات

cette forme de socialisme se termina par un misérable accès de pitié

انتهى هذا الشكل من الاشتراكية بنوبة بائسة من الشفقة

c) Le socialisme allemand, ou « vrai »

"ج (الاشتراكية الألمانية أو "الحقيقية

La littérature socialiste et communiste de France est née sous la pression d'une bourgeoisie au pouvoir

نشأ الأدب الاشتراكي والشيوعي في فرنسا تحت ضغط البرجوازية في السلطة

Et cette littérature était l'expression de la lutte contre ce pouvoir

وكان هذا الأدب تعبيرا عن النضال ضد هذه السلطة

elle a été introduite en Allemagne à une époque où la bourgeoisie venait de commencer sa lutte contre l'absolutisme féodal

تم إدخاله إلى ألمانيا في وقت كانت فيه البرجوازية قد بدأت لتوها صراعها مع الحكم المطلق الإقطاعي

Les philosophes allemands, les prétendus philosophes et les beaux esprits, s'emparèrent avidement de cette littérature

استولى الفلاسفة الألمان ، والفلاسفة المحتملون ، والعفريت الجميلون بشغف على هذا الأدب

mais ils oubliaient que les écrits avaient émigré de France en Allemagne sans apporter avec eux les conditions sociales françaises

لكنهم نسوا أن الكتابات هاجرت من فرنسا إلى ألمانيا دون جلب الظروف الاجتماعية الفرنسية

Au contact des conditions sociales allemandes, cette littérature française perd toute sa signification pratique immédiate

في اتصال مع الظروف الاجتماعية الألمانية ، فقد هذا الأدب الفرنسي كل أهميته العملية المباشرة

et la littérature communiste de France a pris un aspect purement littéraire dans les cercles académiques allemands

واتخذ الأدب الشيوعي الفرنسي جانبا أدبيا بحتا في الأوساط الأكاديمية الألمانية

Ainsi, les exigences de la première Révolution française n'étaient rien d'autre que les exigences de la « raison pratique »

وهكذا ، لم تكن مطالب الثورة الفرنسية الأولى أكثر من مطالب "العقل العملي"

et l'expression de la volonté de la bourgeoisie française révolutionnaire signifiait à leurs yeux la loi de la volonté pure

ونطق إرادة البرجوازية الفرنسية الثورية يدل في أعينهم على قانون الإرادة الخالصة

il signifiait la Volonté telle qu'elle devait être ; de la vraie Volonté humaine en général

كان يدل على الإرادة كما كان لا بد أن يكون. الإرادة البشرية الحقيقية بشكل عام

Le monde des lettrés allemands ne consistait qu'à mettre les nouvelles idées françaises en harmonie avec leur ancienne conscience philosophique

يتألف عالم الأدباء الألمان فقط من جعل الأفكار الفرنسية الجديدة تنسجم مع ضميرهم الفلسفي القديم.

ou plutôt, ils ont annexé les idées françaises sans déserter leur propre point de vue philosophique

أو بالأحرى ، ضموا الأفكار الفرنسية دون التخلي عن وجهة نظرهم الفلسفية الخاصة

Cette annexion s'est faite de la même manière que l'on s'approprie une langue étrangère, c'est-à-dire par la traduction

تم هذا الضم بنفس الطريقة التي يتم بها الاستيلاء على لغة أجنبية ، أي عن طريق الترجمة

Il est bien connu comment les moines ont écrit des vies stupides de saints catholiques sur des manuscrits

من المعروف جيدا كيف كتب الرهبان حياة سخيفة للقديسين الكاثوليك على المخطوطات

les manuscrits sur lesquels les œuvres classiques de l'ancien paganisme avaient été écrites

المخطوطات التي كتبت عليها الأعمال الكلاسيكية للوثنية القديمة

Les lettrés allemands ont inversé ce processus avec la littérature française profane

عكس الأدباء الألمان هذه العملية بالأدب الفرنسي المدنس

Ils ont écrit leurs absurdités philosophiques sous l'original français

لقد كتبوا هراءهم الفلسفي تحت الأصل الفرنسي

Par exemple, sous la critique française des fonctions économiques de l'argent, ils ont écrit « L'aliénation de l'humanité »

على سبيل المثال ، تحت النقد الفرنسي للوظائف الاقتصادية للمال ، كتبوا "اغتراب الإنسانية"

au-dessous de la critique française de l'État bourgeois, ils écrivaient « détrônement de la catégorie du général »

"تحت النقد الفرنسي للدولة البرجوازية كتبوا "خلع فئة الجنرال

L'introduction de ces phrases philosophiques à la fin des critiques historiques françaises qu'ils ont baptisées :

مقدمة هذه العبارات الفلسفية في الجزء الخلفي من الانتقادات التاريخية الفرنسية التي أطلقوا عليها:

« Philosophie de l'action », « Vrai socialisme », « Science allemande du socialisme », « Fondement philosophique du socialisme », etc

، "فلسفة العمل "، "الاشتراكية الحقيقية "، "علم الاشتراكية الألماني" "الأساس الفلسفي للاشتراكية "، وما إلى ذلك"

La littérature socialiste et communiste française est ainsi complètement émasculée

وهكذا تم إضعاف الأدب الاشتراكي والشيوعي الفرنسي تماما

entre les mains des philosophes allemands, elle cessa d'exprimer la lutte d'une classe contre l'autre

في أيدي الفلاسفة الألمان توقفت عن التعبير عن صراع طبقة واحدة مع الأخرى.

et c'est ainsi que les philosophes allemands se sentaient conscients d'avoir surmonté « l'unilatéralité française »

"وهكذا شعر الفلاسفة الألمان بالوعي بأنهم تغلبوا على "الانحياز الفرنسي

Il n'avait pas à représenter de vraies exigences, mais plutôt des exigences de vérité

لم يكن من الضروري أن تمثل المتطلبات الحقيقية ، بل كانت تمثل متطلبات الحقيقة

il n'y avait pas d'intérêt pour le prolétariat, mais plutôt pour la nature humaine

لم يكن هناك اهتمام بالبروليتاريا ، بل كان هناك اهتمام بالطبيعة البشرية

l'intérêt était dans l'Homme en général, qui n'appartient à aucune classe et n'a pas de réalité

كان الاهتمام بالإنسان بشكل عام ، الذي لا ينتمي إلى طبقة ، وليس له واقع

un homme qui n'existe que dans le royaume brumeux de la fantaisie philosophique

رجل موجود فقط في عالم ضبابي من الخيال الفلسفي

mais finalement, ce socialisme allemand d'écolier perdit aussi son innocence pédante

ولكن في نهاية المطاف فقدت الاشتراكية الألمانية هذه التلميذة أيضا براءتها المتحذلقة.

la bourgeoisie allemande, et surtout la bourgeoisie prussienne, luttait contre l'aristocratie féodale

حاربت البرجوازية الألمانية ، وخاصة البرجوازية البروسية ضد الأرستقراطية الإقطاعية

la monarchie absolue de l'Allemagne et de la Prusse était également combattue

كما تم محاربة الملكية المطلقة لألمانيا وبروسيا

Et à son tour, la littérature du mouvement libéral est également devenue plus sérieuse

وفي المقابل ، أصبحت أدبيات الحركة الليبرالية أكثر جدية

L'Allemagne a eu l'occasion longtemps souhaitée par le « vrai » socialisme de se voir offrir

"تم تقديم فرصة ألمانيا التي طال انتظارها للاشتراكية "الحقيقية

l'occasion de confronter le mouvement politique aux revendications socialistes

فرصة مواجهة الحركة السياسية بالمطالب الاشتراكية

l'occasion de jeter les anathèmes traditionnels contre le libéralisme

فرصة إلقاء اللعنة التقليدية ضد الليبرالية

l'occasion d'attaquer le gouvernement représentatif et la concurrence bourgeoise

فرصة لمهاجمة الحكومة التمثيلية والمنافسة البرجوازية

Liberté de la presse bourgeoise, législation bourgeoise, liberté et égalité bourgeoise

حرية الصحافة البرجوازية، التشريعات البرجوازية، الحرية والمساواة البرجوازية

Tout cela pourrait maintenant être critiqué dans le monde réel, plutôt que dans la fantaisie

كل هذه الأمور يمكن الآن نقدها في العالم الحقيقي ، وليس في الخيال

L'aristocratie féodale et la monarchie absolue prêchaient depuis longtemps aux masses

لطالما بشرت الأرستقراطية الإقطاعية والملكية المطلقة للجماهير

« L'ouvrier n'a rien à perdre, et il a tout à gagner »

"الرجل العامل ليس لديه ما يخسره ، ولديه كل شيء يكسبه"

le mouvement bourgeois offrait aussi une chance de se confronter à ces platitudes

كما قدمت الحركة البرجوازية فرصة لمواجهة هذه التفاهات.

la critique française présupposait l'existence d'une société bourgeoise moderne

افترض النقد الفرنسي وجود مجتمع برجوازي حديث

Conditions économiques d'existence de la bourgeoisie et constitution politique de la bourgeoisie

شروط الوجود الاقتصادية البرجوازية والدستور السياسي البرجوازي

les choses mêmes dont la réalisation était l'objet de la lutte imminente en Allemagne

الأشياء ذاتها التي كان تحقيقها موضوع النضال المعلق في ألمانيا

L'écho stupide du socialisme en Allemagne a abandonné ces objectifs juste à temps

لقد تخلى صدى ألمانيا السخيف للاشتراكية عن هذه الأهداف في الوقت المناسب

Les gouvernements absolus avaient leur suite de pasteurs, de professeurs, d'écuyers de campagne et de fonctionnaires

البلد Squires كان للحكومات المطلقة أتباعها من بارسونز والأساتذة و والمسؤولين

le gouvernement de l'époque a répondu aux soulèvements de la classe ouvrière allemande par des coups de fouet et des balles

قابلت الحكومة في ذلك الوقت انتفاضات الطبقة العاملة الألمانية بالجلد والرصاص

pour eux, ce socialisme était un épouvantail bienvenu contre la bourgeoisie menaçante

بالنسبة لهم كانت هذه الاشتراكية بمثابة فزاعة مرحب بها ضد البرجوازية المهددة.

et le gouvernement allemand a pu offrir un dessert sucré après les pilules amères qu'il a distribuées

وتمكنت الحكومة الألمانية من تقديم حلوى حلوة بعد الحبوب المرة التي وزعتها

ce « vrai » socialisme servait donc aux gouvernements d'arme pour combattre la bourgeoisie allemande

وهكذا خدمت هذه الاشتراكية "الحقيقية "الحكومات كسلاح لمحاربة البرجوازية الألمانية

et, en même temps, il représentait directement un intérêt réactionnaire ; celle des Philistins allemands

وفي الوقت نفسه ، مثلت بشكل مباشر مصلحة رجعية .أن من الفلسطينيين الألمان

En Allemagne, la petite bourgeoisie est la véritable base sociale de l'état de choses actuel

في ألمانيا الطبقة البرجوازية الصغيرة هي الأساس الاجتماعي الحقيقي للحالة القائمة للأشياء.

une relique du XVIe siècle qui n'a cessé de surgir sous diverses formes

من بقايا القرن السادس عشر التي كانت تظهر باستمرار تحت أشكال مختلفة

Conserver cette classe, c'est préserver l'état de choses existant en Allemagne

الحفاظ على هذه الطبقة هو الحفاظ على الحالة الحالية للأشياء في ألمانيا

La suprématie industrielle et politique de la bourgeoisie menace la petite bourgeoisie d'une destruction certaine

إن التفوق الصناعي والسياسي للبرجوازية يهدد البرجوازية الصغيرة بتدمير معين

d'une part, elle menace de détruire la petite bourgeoisie par la concentration du capital

فمن ناحية، يهدد بتدمير البرجوازية الصغيرة من خلال تركيز رأس المال.

d'autre part, la bourgeoisie menace de la détruire par l'avènement d'un prolétariat révolutionnaire

من ناحية أخرى ، تهدد البرجوازية بتدميرها من خلال صعود البروليتاريا الثورية

Le « vrai » socialisme semblait faire d'une pierre deux coups. Il s'est répandu comme une épidémie

يبدو أن الاشتراكية "الحقيقية "تقتل هذين العصفورين بحجر واحد .انتشر مثل الوباء

La robe de toiles d'araignées spéculatives, brodée de fleurs de rhétorique, trempée dans la rosée du sentiment maladif

رداء خيوط العنكبوت المضاربة ، مطرزة بزهور الخطابة ، غارقة في ندى المشاعر المريضة

cette robe transcendantale dans laquelle les socialistes allemands enveloppaient leurs tristes « vérités éternelles »

"هذا الرداء المتسامي الذي لف فيه الاشتراكيون الألمان "حقائقهم الأبدية المؤسفة

tout de peau et d'os, servaient à augmenter merveilleusement la vente de leurs marchandises auprès d'un public aussi

كل الجلد والعظام ، عملت على زيادة بيع سلعهم بشكل رائع بين مثل هذا الجمهور

Et de son côté, le socialisme allemand reconnaissait de plus en plus sa propre vocation

ومن جانبها ، اعترفت الاشتراكية الألمانية ، أكثر فأكثر ، بدعوتها الخاصة.

on l'appelait à être le représentant grandiloquent de la petite-bourgeoisie philistine

تم استدعاؤه ليكون الممثل المنمق للبرجوازية الصغيرة الفلسطينية

Il proclamait que la nation allemande était la nation modèle, et le petit philistin allemand l'homme modèle

أعلنت أن الأمة الألمانية هي الأمة النموذجية ، والفلسطيني الألماني الصغير هو الرجل النموذجي

À chaque méchanceté de cet homme modèle, elle donnait une interprétation socialiste cachée, plus élevée

لكل خسة خسيسة لهذا الرجل النموذجي أعطت تفسيرا اشتراكيا خفيا وأعلى

cette interprétation socialiste supérieure était l'exact
contraire de son caractère réel

كان هذا التفسير الاشتراكي الأعلى هو النقيض التام لطابعه الحقيقي

Il est allé jusqu'à s'opposer directement à la tendance «
brutalement destructrice » du communisme

لقد ذهب إلى أقصى حد من المعارضة المباشرة للنزعة الشيوعية
"المدمرة بوحشية"

et il proclamait son mépris suprême et impartial de toutes
les luttes de classes

وأعلنت ازدراءها الأسمى والمحايد لجميع الصراعات الطبقية

À de très rares exceptions près, toutes les publications dites
socialistes et communistes qui circulent aujourd'hui (1847)
en Allemagne appartiennent au domaine de cette littérature
nauséabonde et énervante

مع استثناءات قليلة جدا ، فإن جميع المنشورات الاشتراكية والشيوعية
المزعومة التي يتم تداولها الآن)1847 (في ألمانيا تنتمي إلى مجال هذا
الأدب البغيض والمزعج.

2) Le socialisme conservateur ou le socialisme bourgeois

الاشتراكية المحافظة ، أو الاشتراكية البرجوازية

Une partie de la bourgeoisie est désireuse de redresser les griefs sociaux

جزء من البرجوازية يرغب في معالجة المظالم الاجتماعية

afin d'assurer la pérennité de la société bourgeoise

من أجل ضمان استمرار وجود المجتمع البرجوازي

C'est à cette section qu'appartiennent les économistes, les philanthropes, les humanitaires

ينتمي إلى هذا القسم الاقتصاديون والمحسنون والعاملون في المجال الإنساني

améliorateurs de la condition de la classe ouvrière et organisateurs de la charité

محسنو أوضاع الطبقة العاملة ومنظمو الأعمال الخيرية

membres des sociétés de prévention de la cruauté envers les animaux

أعضاء جمعيات منع القسوة على

fanatiques de la tempérance, réformateurs de toutes sortes imaginables

المتعصبون للاعتدال ، مصلحو الثقب والزاوية من كل نوع يمكن تخيله

Cette forme de socialisme a, d'ailleurs, été élaborée en systèmes complets

علاوة على ذلك ، تم تطوير هذا الشكل من الاشتراكية في أنظمة كاملة

On peut citer la « Philosophie de la Misère » de Proudhon comme exemple de cette forme

يمكننا الاستشهاد ب "فلسفة البؤس "لبرودون كمثال على هذا الشكل

La bourgeoisie socialiste veut tous les avantages des conditions sociales modernes

البرجوازية الاشتراكية تريد كل مزايا الظروف الاجتماعية الحديثة

mais la bourgeoisie socialiste ne veut pas nécessairement des luttes et des dangers qui en résultent

لكن البرجوازية الاشتراكية لا تريد بالضرورة النضالات والمخاطر الناتجة

Ils désirent l'état actuel de la société, sans ses éléments révolutionnaires et désintégrateurs

إنهم يرغبون في الحالة القائمة للمجتمع ، باستثناء عناصره الثورية والمتفككة

c'est-à-dire qu'ils veulent une bourgeoisie sans prolétariat

وبعبارة أخرى، فإنهم يرغبون في برجوازية بدون بروليتاريا.

La bourgeoisie conçoit naturellement le monde dans lequel elle est souveraine d'être la meilleure

تتصور البرجوازية بشكل طبيعي العالم الذي يكون فيه الأفضل

et le socialisme bourgeois développe cette conception confortable en divers systèmes plus ou moins complets

والاشتراكية البرجوازية تطور هذا المفهوم المريح إلى أنظمة مختلفة أكثر أو أقل اكتمالا

ils voudraient beaucoup que le prolétariat marche droit dans la Nouvelle Jérusalem sociale

إنهم يرغبون بشدة في أن تسير البروليتاريا مباشرة إلى القدس الجديدة الاجتماعية

Mais en réalité, elle exige du prolétariat qu'il reste dans les limites de la société existante

لكنه في الواقع يتطلب من البروليتاريا أن تبقى داخل حدود المجتمع القائم.

ils demandent au prolétariat de se débarrasser de toutes ses idées haineuses sur la bourgeoisie

يطلبون من البروليتاريا التخلص من كل أفكارهم البغيضة المتعلقة بالبرجوازية

il y a une seconde forme plus pratique, mais moins systématique, de ce socialisme

هناك شكل ثان أكثر عملية ، ولكنه أقل منهجية ، لهذه الاشتراكية

Cette forme de socialisme cherchait à déprécier tout mouvement révolutionnaire aux yeux de la classe ouvrière

سعى هذا الشكل من الاشتراكية إلى التقليل من قيمة كل حركة ثورية في نظر الطبقة العاملة.

Ils soutiennent qu'aucune simple réforme politique ne pourrait leur être d'un quelconque avantage

وهم يجادلون بأن مجرد الإصلاح السياسي لا يمكن أن يكون مفيدا لهم.

Seul un changement dans les conditions matérielles d'existence dans les relations économiques est bénéfique

فقط تغيير في الظروف المادية للوجود في العلاقات الاقتصادية هي ذات فائدة

Comme le communisme, cette forme de socialisme prône un changement des conditions matérielles d'existence

مثل الشيوعية ، يدعو هذا الشكل من الاشتراكية إلى تغيير الظروف المادية للوجود

Cependant, cette forme de socialisme ne suggère nullement l'abolition des rapports de production bourgeois

ومع ذلك ، فإن هذا الشكل من الاشتراكية لا يوحي بأي حال من الأحوال بإلغاء علاقات الإنتاج البرجوازية.

l'abolition des rapports de production bourgeois ne peut se faire que par la révolution

لا يمكن إلغاء علاقات الإنتاج البرجوازية إلا من خلال الثورة

Mais au lieu d'une révolution, cette forme de socialisme suggère des réformes administratives

ولكن بدلا من الثورة ، يقترح هذا الشكل من الاشتراكية إصلاحات إدارية

et ces réformes administratives seraient fondées sur la pérennité de ces relations

وستستند هذه الإصلاحات الإدارية إلى استمرار وجود هذه العلاقات

réformes qui n'affectent en rien les rapports entre le capital et le travail

الإصلاحات ، لذلك ، لا تؤثر بأي شكل من الأشكال على العلاقات بين رأس المال والعمل

au mieux, de telles réformes réduisent le coût et simplifient le travail administratif du gouvernement bourgeois

في أحسن الأحوال، تقلل هذه الإصلاحات من التكلفة وتبسط العمل الإداري للحكومة البرجوازية.

Le socialisme bourgeois atteint une expression adéquate lorsque, et seulement lorsque, il devient une simple figure de style

الاشتراكية البرجوازية تصل إلى التعبير المناسب ، عندما ، وفقط عندما تصبح مجرد شكل من أشكال الكلام

Le libre-échange : au profit de la classe ouvrière

التجارة الحرة: لصالح الطبقة العاملة

Les devoirs protecteurs : au profit de la classe ouvrière

واجبات الحماية: لصالح الطبقة العاملة

Réforme pénitentiaire : au profit de la classe ouvrière

إصلاح السجون: لصالح الطبقة العاملة

C'est le dernier mot et le seul mot sérieux du socialisme
bourgeois

هذه هي الكلمة الأخيرة والكلمة الوحيدة الجادة للاشتراكية البرجوازية.

Elle se résume dans la phrase : la bourgeoisie est une
bourgeoisie au profit de la classe ouvrière

تتلخص في العبارة: البرجوازية هي برجوازية لصالح الطبقة العاملة

3) Socialisme et communisme utopiques critiques

الاشتراكية الطوباوية النقدية والشيوعية

Nous ne nous référons pas ici à la littérature qui a toujours donné la parole aux revendications du prolétariat

نحن لا نشير هنا إلى ذلك الأدب الذي أعطى دائما صوتا لمطالب البروليتاريا.

cela a été présent dans toutes les grandes révolutions modernes, comme les écrits de Babeuf et d'autres

وقد كان هذا حاضرا في كل ثورة حديثة عظيمة مثل كتابات بابوف وغيرها.

Les premières tentatives directes du prolétariat pour parvenir à ses propres fins échouèrent nécessairement

المحاولات المباشرة الأولى للبروليتاريا لتحقيق غاياتها الخاصة فشلت بالضرورة

Ces tentatives ont été faites dans des temps d'effervescence universelle, lorsque la société féodale était renversée

جرت هذه المحاولات في أوقات الإثارة العالمية ، عندما تم الإطاحة بالمجتمع الإقطاعي

L'état alors peu développé du prolétariat a conduit à l'échec de ces tentatives

أدت حالة البروليتاريا غير المتطورة آنذاك إلى فشل تلك المحاولات

et ils ont échoué en raison de l'absence des conditions économiques pour son émancipation

وفشلوا بسبب غياب الظروف الاقتصادية لتحررها

conditions qui n'avaient pas encore été produites, et qui ne pouvaient être produites que par l'époque de la bourgeoisie

الظروف التي لم يتم إنتاجها بعد ، ويمكن أن تنتجها الحقبة البرجوازية الوشيكة وحدها

La littérature révolutionnaire qui accompagnait ces premiers mouvements du prolétariat avait nécessairement un caractère réactionnaire

كان للأدب الثوري الذي رافق هذه الحركات الأولى للبروليتاريا بالضرورة طابع رجعي

Cette littérature inculquait l'ascétisme universel et le nivellement social dans sa forme la plus grossière

غرس هذا الأدب الزهد العالمي والتسوية الاجتماعية في أكثر أشكالها
فظاظة

Les systèmes socialistes et communistes, proprement dits, naissent au début de la période sous-développée

إن النظامين الاشتراكي والشيوعي ، ما يسمى بشكل صحيح ، ينبثقان إلى
الوجود في أوائل الفترة غير المتطورة.

Saint-Simon, Fourier, Owen et d'autres, ont décrit la lutte entre le prolétariat et la bourgeoisie (voir section 1)

وصف سان سيمون وفورييه وأوين وآخرون الصراع بين البروليتاريا
والبرجوازية)انظر القسم 1(

Les fondateurs de ces systèmes voient, en effet, les antagonismes de classe

يرى مؤسسو هذه الأنظمة ، في الواقع ، العداوات الطبقية

Ils voient aussi l'action des éléments en décomposition, dans la forme dominante de la société

كما يرون عمل العناصر المتحللة ، في الشكل السائد للمجتمع

Mais le prolétariat, encore à ses débuts, leur offre le spectacle d'une classe sans aucune initiative historique

لكن البروليتاريا ، التي لا تزال في مهدها ، تقدم لهم مشهد طبقة دون أي
مبادرة تاريخية

Ils voient le spectacle d'une classe sociale sans aucun mouvement politique indépendant

يرون مشهد طبقة اجتماعية بدون أي حركة سياسية مستقلة

Le développement de l'antagonisme de classe va de pair avec le développement de l'industrie

تطور العداء الطبقي يواكب تطور الصناعة

La situation économique ne leur offre donc pas encore les conditions matérielles de l'émancipation du prolétariat

لذا فإن الوضع الاقتصادي لا يوفر لهم بعد الظروف المادية لتحرير
البروليتاريا.

Ils cherchent donc une nouvelle science sociale, de nouvelles lois sociales, qui doivent créer ces conditions

لذلك يبحثون عن علم اجتماعي جديد ، بعد قوانين اجتماعية جديدة ، من
شأنها أن تخلق هذه الظروف.

l'action historique, c'est céder à leur action inventive personnelle

العمل التاريخي هو الخضوع لعملهم الإبداعي الشخصي

Les conditions d'émancipation créées historiquement doivent céder la place à des conditions fantastiques

شروط التحرر التي تم إنشاؤها تاريخيا هي الخضوع لظروف رائعة

et l'organisation de classe graduelle et spontanée du prolétariat doit céder la place à l'organisation de la société

والتنظيم الطبقي التدريجي والعفوي للبروليتاريا هو الخضوع لتنظيم المجتمع

l'organisation de la société spécialement conçue par ces inventeurs

تنظيم المجتمع الذي ابتكره هؤلاء المخترعون خصيصا

L'histoire future se résout, à leurs yeux, dans la propagande et l'exécution pratique de leurs projets sociaux

التاريخ المستقبلي يحل نفسه ، في نظرهم ، في الدعاية والتنفيذ العملي لخططهم الاجتماعية

Dans l'élaboration de leurs plans, ils ont conscience de s'occuper avant tout des intérêts de la classe ouvrière

في صياغة خططهم ، يدركون الاهتمام بشكل رئيسي بمصالح الطبقة العاملة

Ce n'est que du point de vue d'être la classe la plus souffrante que le prolétariat existe pour eux

فقط من وجهة نظر كونهم الطبقة الأكثر معاناة توجد البروليتاريا بالنسبة لهم

L'état sous-développé de la lutte des classes et leur propre environnement informent leurs opinions

إن الحالة غير المتطورة للصراع الطبقي ومحيطهم الخاص يعلمون آراءهم

Les socialistes de ce genre se considèrent comme bien supérieurs à tous les antagonismes de classe

يعتبر الاشتراكيون من هذا النوع أنفسهم أفضل بكثير من جميع العداوات الطبقية.

Ils veulent améliorer la condition de tous les membres de la société, même celle des plus favorisés

إنهم يريدون تحسين حالة كل فرد من أفراد المجتمع ، حتى أولئك الأكثر حظا

Par conséquent, ils s'adressent habituellement à la société dans son ensemble, sans distinction de classe

ومن ثم ، فإنهم عادة ما يناشدون المجتمع ككل ، دون تمييز طبقي

Bien plus, ils font appel à la société dans son ensemble de préférence à la classe dirigeante

كلا ، إنهم يناشدون المجتمع ككل من خلال تفضيل الطبقة الحاكمة

Pour eux, tout ce qu'il faut, c'est que les autres comprennent leur système

بالنسبة لهم ، كل ما يتطلبه الأمر هو أن يفهم الآخرون نظامهم

Car comment les gens peuvent-ils ne pas voir que le meilleur plan possible est le meilleur état possible de la société ?

لأنه كيف يمكن للناس أن يفشلوا في رؤية أن أفضل خطة ممكنة هي لأفضل حالة ممكنة للمجتمع؟

C'est pourquoi ils rejettent toute action politique, et surtout toute action révolutionnaire

ومن ثم فهم يرفضون كل عمل سياسي، وخاصة كل عمل ثوري.

ils veulent arriver à leurs fins par des moyens pacifiques

إنهم يرغبون في تحقيق غاياتهم بالوسائل السلمية

ils s'efforcent, par de petites expériences, qui sont nécessairement vouées à l'échec

إنهم يسعون ، من خلال تجارب صغيرة ، محكوم عليها بالضرورة بالفشل

et par la force de l'exemple, ils essaient d'ouvrir la voie au nouvel Évangile social

وبقوة المثال يحاولون تمهيد الطريق للإنجيل الاجتماعي الجديد

De tels tableaux fantastiques de la société future, peints à une époque où le prolétariat est encore dans un état très sous-développé

هذه الصور الرائعة للمجتمع المستقبلي ، رسمت في وقت لا تزال فيه البروليتاريا في حالة غير متطورة للغاية

et il n'a encore qu'une conception fantasmatique de sa propre position

ولا يزال لديها تصور خيالي لموقفها الخاص

Mais leurs premières aspirations instinctives correspondent aux aspirations du prolétariat

لكن أشواقهم الغريزية الأولى تتوافق مع تطلعات البروليتاريا

L'un et l'autre aspirent à une reconstruction générale de la société

كلاهما يتوق إلى إعادة بناء عامة للمجتمع

Mais ces publications socialistes et communistes contiennent aussi un élément critique

لكن هذه المنشورات الاشتراكية والشيوعية تحتوي أيضا على عنصر حاسم

Ils s'attaquent à tous les principes de la société existante

إنهم يهاجمون كل مبدأ من مبادئ المجتمع القائم

C'est pourquoi ils sont remplis des matériaux les plus précieux pour l'illumination de la classe ouvrière

ومن ثم فهي مليئة بالمواد الأكثر قيمة لتنوير الطبقة العاملة

Ils proposent l'abolition de la distinction entre la ville et la campagne, et la famille

يقترحون إلغاء التمييز بين المدينة والريف والأسرة

la suppression de l'exercice de l'industrie pour le compte des particuliers

إلغاء مزاولة الصناعات لحساب الأفراد

et l'abolition du salariat et la proclamation de l'harmonie sociale

وإلغاء نظام الأجور وإعلان الوئام الاجتماعي

la transformation des fonctions de l'État en une simple surveillance de la production

تحويل وظائف الدولة إلى مجرد إشراف على الإنتاج

Toutes ces propositions ne pointent que vers la disparition des antagonismes de classe

كل هذه المقترحات تشير فقط إلى اختفاء العداوات الطبقية.

Les antagonismes de classe ne faisaient alors que surgir

كانت الخصومات الطبقية ، في ذلك الوقت ، مجرد ظهور

Dans ces publications, ces antagonismes de classe ne sont reconnus que dans leurs formes les plus anciennes, indistinctes et indéfinies

في هذه المنشورات ، يتم التعرف على هذه التناقضات الطبقية في أشكالها المبكرة وغير الواضحة وغير المحددة فقط

Ces propositions ont donc un caractère purement utopique

.وبالتالي ، فإن هذه المقترحات ذات طابع طوباوي بحت

La signification du socialisme et du communisme critiques-utopiques est en relation inverse avec le développement historique

تحمل أهمية الاشتراكية الطوباوية النقدية والشيوعية علاقة عكسية
بالتطور التاريخي

La lutte de classe moderne se développera et continuera à prendre une forme définitive

سوف يتطور الصراع الطبقي الحديث ويستمر في اتخاذ شكل محدد

Cette réputation fantastique du concours perdra toute valeur pratique

هذا الموقف الرائع من المسابقة سيفقد كل قيمة عملية

Ces attaques fantastiques contre les antagonismes de classe perdront toute justification théorique

هذه الهجمات الخيالية على العداوات الطبقية ستفقد كل مبرر نظري

Les initiateurs de ces systèmes étaient, à bien des égards, révolutionnaires

كان منشئو هذه الأنظمة ، في كثير من النواحي ، ثوريين

Mais leurs disciples n'ont, dans tous les cas, formé que des sectes réactionnaires

.لكن تلاميذهم شكلوا في كل حالة مجرد طوائف رجعية

Ils s'en tiennent fermement aux vues originales de leurs maîtres

إنهم يتمسكون بشدة بالآراء الأصلية لأسيادهم

Mais ces vues s'opposent au développement historique progressif du prolétariat

.لكن هذه الآراء تتعارض مع التطور التاريخي التدريجي للبروليتاريا

Ils s'efforcent donc, et cela constamment, d'étouffer la lutte des classes

لذلك ، يسعون ، وذلك باستمرار ، إلى إخماد الصراع الطبقي

et ils s'efforcènt constamment de concilier les antagonismes de classe

.وهم يسعون باستمرار إلى التوفيق بين التناقضات الطبقية

Ils rêvent encore de la réalisation expérimentale de leurs utopies sociales

ما زالوا يحلمون بالتحقيق التجريبي لليوتوبيا الاجتماعية الخاصة بهم

ils rêvent encore de fonder des « phalanstères » isolés et
d'établir des « colonies d'origine »

"ما زالوا يحلمون بتأسيس "كتائب "معزولة وإنشاء "مستعمرات منزلية

ils rêvent de mettre en place une « Petite Icarie » – éditions
duodecimo de la Nouvelle Jérusalem

يحلمون بإنشاء "إيكاريا الصغيرة "ـ طبعات ثنائية من القدس الجديدة

Et ils rêvent de réaliser tous ces châteaux dans les airs

ويحلمون بتحقيق كل هذه القلاع في الهواء

Ils sont obligés de faire appel aux sentiments et aux bourses
des bourgeois

إنهم مجبرون على مناشدة مشاعر ومحافظ البرجوازية

Peu à peu, ils s'enfoncent dans la catégorie des socialistes
conservateurs réactionnaires décrits ci-dessus

بالدرجات يغرقون في فئة الاشتراكيين المحافظين الرجعيين الموضحين
أعلاه

ils ne diffèrent de ceux-ci que par une pédanterie plus
systématique

أنها تختلف عن هذه فقط من خلال التحذلق أكثر منهجية

et ils diffèrent par leur croyance fanatique et superstitieuse
aux effets miraculeux de leur science sociale

ويختلفون بإيمانهم المتعصب والخرافي بالآثار المعجزة لعلمهم
الاجتماعي.

Ils s'opposent donc violemment à toute action politique de
la part de la classe ouvrière

لذلك ، يعارضون بعنف جميع الإجراءات السياسية من جانب الطبقة
العاملة

une telle action, selon eux, ne peut résulter que d'une
incrédulité aveugle dans le nouvel Évangile

مثل هذا العمل ، وفقا لهم ، لا يمكن أن ينتج إلا عن عدم الإيمان الأعمى
بالإنجيل الجديد

Les owénistes en Angleterre et les fouriéristes en France
s'opposent respectivement aux chartistes et aux réformistes

، يعارض الأوينيون في إنجلترا ، والفورييه في فرنسا ، على التوالي
"الشارتيين و "الإصلاحيين

Position des communistes par rapport aux divers partis d'opposition existants

موقف الشيوعيين من مختلف الأحزاب المعارضة القائمة

La section II a mis en évidence les relations des communistes avec les partis ouvriers existants

وقد أوضح القسم الثاني علاقات الشيوعيين بأحزاب الطبقة العاملة القائمة.

comme les chartistes en Angleterre et les réformateurs agraires en Amérique

مثل Chartists في إنجلترا ، والإصلاحيين الزراعيين في أمريكا

Les communistes luttent pour la réalisation des objectifs immédiats

الشيوعيون يناضلون من أجل تحقيق الأهداف المباشرة

Ils luttent pour l'application des intérêts momentanés de la classe ouvrière

إنهم يناضلون من أجل فرض المصالح اللحظية للطبقة العاملة

Mais dans le mouvement politique d'aujourd'hui, ils représentent et s'occupent aussi de l'avenir de ce mouvement

لكن في الحركة السياسية في الوقت الحاضر ، يمثلون أيضا مستقبل تلك الحركة ويهتمون به

En France, les communistes s'allient avec les social-démocrates

في فرنسا يتحالف الشيوعيون مع الاشتراكيين الديمقراطيين

et ils se positionnent contre la bourgeoisie conservatrice et radicale

ويضعون أنفسهم ضد البرجوازية المحافظة والراديكالية

cependant, ils se réservent le droit d'adopter une position critique à l'égard des phrases et des illusions traditionnellement héritées de la grande Révolution

ومع ذلك ، فإنهم يحتفظون بالحق في اتخاذ موقف نقدي فيما يتعلق بالعبارات والأوهام التي تم تسليمها تقليديا من الثورة العظيمة

En Suisse, ils soutiennent les radicaux, sans perdre de vue que ce parti est composé d'éléments antagonistes

في سويسرا يدعمون الراديكاليين ، دون إغفال حقيقة أن هذا الحزب يتكون من عناصر معادية.

en partie des socialistes démocrates, au sens français du terme, en partie de la bourgeoisie radicale

جزء من الاشتراكيين الديمقراطيين ، بالمعنى الفرنسي ، جزئيا من البرجوازية الراديكالية

En Pologne, ils soutiennent le parti qui insiste sur la révolution agraire comme condition première de l'émancipation nationale

في بولندا يدعمون الحزب الذي يصر على الثورة الزراعية كشرط رئيسي للتحرر الوطني.

ce parti qui fomenta l'insurrection de Cracovie en 1846

ذلك الحزب الذي حرض على تمرد كراكوف في عام 1846

En Allemagne, ils luttent avec la bourgeoisie chaque fois qu'elle agit de manière révolutionnaire

في ألمانيا يناضلون مع البرجوازية كلما تصرفت بطريقة ثورية.

contre la monarchie absolue, l'escroc féodal et la petite bourgeoisie

ضد الملكية المطلقة ، والإقطاعية الإقطاعية ، والبرجوازية الصغيرة

Mais ils ne cessent jamais, un seul instant, inculquer à la classe ouvrière une idée particulière

لكنهم لا يتوقفون أبدا ، للحظة واحدة ، عن غرس فكرة معينة في الطبقة العاملة.

la reconnaissance la plus claire possible de l'antagonisme hostile entre la bourgeoisie et le prolétariat

أوضح اعتراف ممكن بالعداء العدائي بين البرجوازية والبروليتاريا

afin que les ouvriers allemands puissent immédiatement utiliser les armes dont ils disposent

حتى يتمكن العمال الألمان على الفور من استخدام الأسلحة الموجودة تحت تصرفهم

les conditions sociales et politiques que la bourgeoisie doit nécessairement introduire en même temps que sa suprématie

الظروف الاجتماعية والسياسية التي يجب على البرجوازية إدخالها بالضرورة جنبا إلى جنب مع تفوقها

la chute des classes réactionnaires en Allemagne est inévitable

سقوط الطبقات الرجعية في ألمانيا أمر لا مفر منه

et alors la lutte contre la bourgeoisie elle-même peut
commencer immédiatement

ومن ثم قد تبدأ المعركة ضد البرجوازية نفسها على الفور

Les communistes tournent leur attention principalement
vers l'Allemagne, parce que ce pays est à la veille d'une
révolution bourgeoise

يوجه الشيوعيون انتباههم بشكل رئيسي إلى ألمانيا ، لأن هذا البلد على
أعتاب ثورة برجوازية.

une révolution qui ne manquera pas de s'accomplir dans des
conditions plus avancées de la civilisation européenne

ثورة لا بد أن تتم في ظل ظروف أكثر تقدما للحضارة الأوروبية

Et elle ne manquera pas de se faire avec un prolétariat
beaucoup plus développé

ومن المحتم أن يتم تنفيذه مع بروليتاريا أكثر تطورا

un prolétariat plus avancé que celui de l'Angleterre au XVIIe
siècle, et celui de la France au XVIIIe siècle

كانت البروليتاريا أكثر تقدما من تلك التي كانت في إنجلترا في القرن
السابع عشر ، وفرنسا في القرن الثامن عشر

et parce que la révolution bourgeoise en Allemagne ne sera
que le prélude d'une révolution prolétarienne qui suivra
immédiatement

ولأن الثورة البرجوازية في ألمانيا لن تكون سوى مقدمة لثورة بروليتارية
تالية مباشرة

Bref, partout les communistes soutiennent tout mouvement
révolutionnaire contre l'ordre social et politique existant

باختصار، يدعم الشيوعيون في كل مكان كل حركة ثورية ضد النظام
الاجتماعي والسياسي القائم.

Dans tous ces mouvements, ils mettent au premier plan,
comme la question maîtresse de chacun d'eux, la question de
la propriété

في كل هذه الحركات يجلبونها إلى الواجهة ، كسؤال رئيسي في كل منها
مسألة الملكية ،

quel que soit son degré de développement dans ce pays à ce
moment-là

بغض النظر عن درجة تطورها في ذلك البلد في ذلك الوقت

Enfin, ils œuvrent partout pour l'union et l'accord des partis démocratiques de tous les pays

وأخيرا، فإنهم يعملون في كل مكان من أجل اتحاد واتفاق الأحزاب الديمقراطية في جميع البلدان.

Les communistes dédaignent de dissimuler leurs vues et leurs objectifs

الشيوعيون يزدرون إخفاء آرائهم وأهدافهم

Ils déclarent ouvertement que leurs fins ne peuvent être atteintes que par le renversement par la force de toutes les conditions sociales existantes

إنهم يعلنون صراحة أنه لا يمكن تحقيق غاياتهم إلا من خلال الإطاحة القسرية بجميع الظروف الاجتماعية القائمة.

Que les classes dirigeantes tremblent devant une révolution communiste

دع الطبقات الحاكمة ترتجف من الثورة الشيوعية

Les prolétaires n'ont rien d'autre à perdre que leurs chaînes

ليس لدى البروليتاريين ما يخسرونه سوى قيودهم

Ils ont un monde à gagner

لديهم عالم للفوز به

TRAVAILLEURS DE TOUS LES PAYS, UNISSEZ-VOUS !

إأيها العمال من جميع البلدان، اتحدوا

www.ingramcontent.com/pod-product-compliance
Lightning Source LLC
Chambersburg PA
CBHW011743020426
42333CB00024B/3009